Convites ao Enfrentamento

MARCELO NAZARETH
pelo Espírito FERNANDO DE LUNA

Convites ao Enfrentamento

1ª edição

Editora Ideia Jurídica

CONVITES AO ENFRENTAMENTO

Editor: *Cláudio Luiz Brandão José*
Capa e diagramação: *Rogério Mota*
Revisão: *Leonardo Portella*
1ª edição *2014*
Impresso no Brasil *Printed in Brazil*

Editora Ideia Jurídica Ltda.
editorial@editoraeij.com.br
Tel. (21) 3437-3400 / 3437-4400

DADOS INTERNACIONAIS PARA CATALOGAÇÃO NA PUBLICAÇÃO (CIP)

L983c

Luna, Fernando de
Convites ao enfrentamento / Marcelo Nazareth pelo espírito Fernando de Luna. - 1. ed. - Rio de Janeiro : Ideia Jurídica, 2014.

127 p. ; 21 cm.

ISBN 978-85-87873-43-9

1. Obras psicografadas. 2. Espiritismo. I. Nazareth, Marcelo. II. Título.

CDD- 133.93

JOSÉ CARLOS DOS SANTOS MACEDO – BIBLIOTECÁRIO CRB7 N.3575

Sumário

Convites ao enfrentamento

Frente a frente, egos passageiros e self demoram-se no suceder dos milênios, dialogando ou conflitando, a caminho da plenitude. Até que os primeiros vençam a infantilidade dos estágios primários da individualização, rumo à individuação, multiplicam-se os óbices ao adiantamento do espírito imortal, por meio de emoções secundárias, como forças de inércia que atentam contra a marcha do progresso, enquanto o segundo, o self, emerge, trazendo à tona a consciência crítica e auspiciosa, ínsita em todos os seres.

É-lhe necessário, ao ego, enxergar no self não o seu adversário, mas seu melhor amigo e aliado, com cuja vinculação ampliará os horizontes e as possibilidades de realização, facultando a emersão do cristo interno ou essência de seu próprio íntimo.

Até que isso ocorra, inúmeras serão as batalhas a serem travadas e vencidas, no enfrentamento do orgulho e do egoísmo, que hipertrofiam antigas defesas do ego primitivo, tornando-se, agora, carceragem impeditiva da evolução.

Isso implica dizer que estruturas necessárias em uma fase evolucionária mais arcaica podem tornar-se obstáculos em outra mais avançada, cabendo ao ego afrouxar suas resistências para enxergar-se a si mesmo, passando ao fenômeno da *transparescência*, a partir do qual o ser *experimenta-se como totalidade*, na *essência*, em plenitude.

Neste modesto volume, oferecemos temas de enfrentamento pessoal e estímulo à vitória, que ocorrerá inevitavelmente, cabendo-nos apenas decidir quando, onde e como. Não aludimos a temas inéditos, nem trazemos novos raciocínios que o leitor amigo não haja compulsado em outras obras espíritas, psicológicas, ou outras de boa qualidade, para engrandecimento pessoal como coletivo.

Representa apenas nosso esforço, em nossa própria caminhada de espíritos da retaguarda, estendendo nossas reflexões aos irmãos de marcha, na Terra, que poderão familiarizar-se com o tema de nossas lutas e as razões de nossa miséria moral diante do Cristo Jesus, aproveitando nossos tropeços, nossas reflexões, e nossas redecisões e ressignificações, por intermédio da Doutrina Espírita, a fim de que não repitam nossos mesmos erros em suas experiências.

Consideramos que aprender com os erros alheios já nos permite originalidade, que, passando a serem novos, fomentam o aprendizado auspicioso. Errar no que já se errou representa desperdício grave e em duplicidade.

Aqui, pois, entregamos nossos convites ao enfrentamento, ao qual Jesus nos convida diariamente, para que encontremos a paz definitiva e a plenitude sem mescla, para vivermos o amor e a pujança da Sua mensagem imperecível, Ele que é o Caminho direto para a Verdade da alma que nos liberta no rumo da Vida invencível.

Amparo, 06/01/2014
Fernando de Luna

1. Autoestima e autoaceitação

Quando a autoestima positiva não surge espontaneamente, cumpre ao espírito enfrentar-se e inquirir de si mesmo que razões sustentam o autodesamor, começando, desde já, a batalha de autoaceitação, para ser feliz.

As doutrinas psicológicas definem a autoestima como um sentimento de autoamor, de querer bem a si próprio, quando o indivíduo incondicionalmente sente-se bem consigo mesmo, sempre enxergando o bem em sua caminhada – independentemente de quaisquer obstáculos, provas, acidentes de percurso –, como extensão de um amor por si mesmo que se autonutre e irradia ao seu derredor.

Quando na vida *intrauterina*, ou nos primeiros dias da infância, recebe estímulos negativos, quais a rejeição, o abandono, os maus tratos, sendo ou não adotado por responsáveis amáveis e sensíveis, desenvolve crenças de não merecimento, face ao egocentrismo infantil, que tudo culpabiliza naquele que lhe padece a injunção.

Alongando-se na adolescência e na fase adulta, o indivíduo passa a enxergar tudo pelas lentes do demérito próprio, tombando em comportamentos cada vez menos equilibrados, com que deseja punir o mundo e a si mesmo, diante das *verdades* que carrega consigo.

Vinga-se de si mesmo, caminhando para comportamentos autodestrutivos, drogas aditivas, sexo em desalinho, com que se corrói ainda mais, embora busque anestesiar a própria condição, despertando pela dor, tardiamente.

Vinga-se dos genitores, por intermédio de relacionamentos vis e desequilibrados, ferindo a dignidade daqueles entre os quais a vida o convida a viver.

A baixa autoestima responde por inúmeros abismos no cotidiano humano e na sua psicologia.

Não bastasse isso, as reminiscências do pretérito culposo ressumam do inconsciente, trazendo à tona emoções, percepções e pensamentos que corroboram a tese do demérito, face aos erros praticados, ainda não reparados e que regressam como consciência de culpa, sintomas distímicos, depressivos, fibromiálgicos, entre outros.

É nesse instante que as terapias já existentes no plano físico devem se unir ao conhecimento da imortalidade da alma, por intermédio da Doutrina Espírita, bem como da contribuição de muitos cientistas que têm comprovado as descobertas codificadas por Allan Kardec, convidando os seres humanos a uma revisão de valores, a uma modificação de hábitos, começando por racionalizar os eventos ocorridos no seu périplo, compreendendo-os cada qual em seu lugar, para mergulhar, após, em seu contato emocional, propiciador de catarse e liberação, de descarga das tensões, com consequente ressignificação, propiciadora de novos hábitos e de paz.

Se não foste aquinhoado com a autoestima, por seres um espírito endividado que ainda não te permitiste o autoperdão, abandona a prepotência e a arrogância, enxerga que nova existência foi-te confiada, porque o Supremo Perdão abençoou a tua jornada, cabendo-te aceitar esse presente, aceitar o que já conquistaste, não te fixando somente na negatividade a ser superada, mas na já superada e que te serve de estímulo, já que desejas um destino feliz, adiante...

Renasceste porque Deus considerou a possibilidade de tua vitória sobre ti mesmo, porque deseja Ele que tu aceites quem já és, galgando a autoestima, o autoamor, com os quais nitidamente enxergarás a glória da vida, sem te deteres em compromissos negativos, em atitudes evitáveis e dispensáveis à tua paz, porque identificado com o amor e a ele integrado e entregue, não desejarás para ti outra coisa que não seja a tua plenificação.

Envida esforços, a fim de identificar as razões da tua baixa autoestima e voluntariamente inicia a tua caminhada terapêutica, reforçando sentimentos, pensamentos e atitudes felizes e que felicitem a outrem, estruturando uma rede de vivências amorosas, sempre motivadoras.

Avalia as causas, sem te fixares nelas, reaprendendo a ver cada pessoa e situação como merecem ser observadas, legitimando os contextos que geraram tuas dores e que já podem ser superados.

Não busques outras situações que reforcem a tua crença de desmerecimento. Isso é tua decisão, se desejas ser colaborador de Jesus na lavoura infinita do amor.

És lucigênito, nascido na luz, e deves assumir o que és nascido para ser, colaborando com a consciência voltada para Deus, tua origem e teu fanal.

2. Honestidade emocional

Ninguém deve sentir-se na obrigação de amar seu semelhante. O amor é lei do universo que se realiza naturalmente, a medida que cada espírito despe-se das indumentárias grosseiras do egoísmo e do orgulho. Não se realiza à força.

Cada ser necessita aprimorar sua estrutura psicológica, identificando seus conteúdos psíquicos, aprendendo a reconhecer em si mesmo tudo o que o organiza e o configura como personalidade, entendendo suas matrizes emocionais e afetivas, para que o livre-arbítrio possa ser exercido cada vez mais livremente e sem as influências do ego apegado.

Nesse processo evolutivo, realizar um mergulho na consciência torna-se imprescindível, aprendendo a verbalizar para si próprio o que veicula como pensamento ou como sentimento, nomeando-o para si mesmo sem medos infantis de se autoenfrentar, assumindo os núcleos de negatividade de natureza inferior com que ainda se vê a braços durante a ascese espiritual, lenta e progressiva.

O inimigo passa a ser o futuro amigo que o amor e o tempo recuperarão, assim como sempre teremos oportunidade de reparação ante os tropeços na jornada.

A falta de honestidade emocional responde por severos dissabores na vida individual, como comunitária.

Face à falta de sinceridade para consigo mesmo, primeiro o homem constrói barreiras ao seu adiantamento, elegendo, fazendo escolhas que somente os séculos de expiação poderão recuperar.

Diante de quaisquer decisões a serem tomadas, o espírita-cristão deve se perguntar o que, em verdade, está em questão, para não perder o foco onde deve lançar a luz de sua consciência, nem o obséquio do tempo.

É necessário aprender a não criar subterfúgios, argumentações ou justificativas secundárias, tornando-as como principais, para ocultar a verdade e o móvel ou mote das ações que deveriam ser extintas.

Não devemos retirar, diante do mundo, os compartimentos onde alojamos nossas negatividades, crendo com isso as havermos suprimido. A energia despendida para as alimentar buscará outros escaninhos de nossa alma, hipertrofiando outras questões não solucionadas, que se manifestarão como comportamentos estranhos e nos impedirão a marcha.

Preferível assumamos que ainda somos suscetíveis à raiva, à mágoa, aos ciúmes, à avareza, entre outros sentimentos negativos, do que dizermos que eles não fazem parte de nosso dicionário, quando vemos que eles se manifestam sorrateiramente em outras zonas da nossa personalidade, como metástases mórbidas do egoísmo. Precisamos, quanto antes, aceitar nossa negatividade, para buscarmos nossa espiritualidade em bases sólidas, sem hipocrisia pessoal. A vergonha em assumir-se tal como é está na ordem do orgulho, que não deseja mostrar-se, impedindo nossa marcha sob o desculpismo do que pensarão as demais criaturas.

O desejo de controlar as opiniões de outrem sobre nós não é algo possível, e este insano desejo de controle deveria ser abandonado, porque nada nem ninguém pode dar conta da nossa administração e sempre contaremos com fiscais da nossa existência, que ainda não se deram conta de que gastam tempo nesse mecanismo infeliz de se distraírem das próprias questões e desafios.

Muitas vezes, ocultando o mal sob um véu, por mais belo se pareça, elegemos caminhos e tomamos decisões e atitudes muito bem mascaradas de bondade, escondendo de nós mesmos e de outrem as pérfidas intenções e as danosas influenciações do orgulho, da vaidade e do egoísmo.

Os sentimentos inferiores e o predomínio do egoísmo ainda prevalecem na criatura humana. Imperioso é que cada um se responsabilize por assumir aquilo que sente, pensa e nutre em seu mundo íntimo, *sine cera*, sem cera, sinceramente, a fim de que a obra do bem prevaleça.

Antes de emitires uma opinião, de fazeres um comentário, de executares uma ação, pergunta a ti próprio se com essa atitude não estás de modo algum prejudicando o teu semelhante. Indaga a ti mesmo acerca da real necessidade e do benefício de tuas atitudes.

É preciso desconfiar de tudo o que se faz, quando ainda não amamos, em graus elevados, todos os seres para quem dirigimos nossas ações. Ainda vivemos em um plano de conquistas incipientes no bem e parciais, de modo que temos o dever de sempre avaliarmos o móvel de cada ato, bem como as consequências possíveis. Se diante de um desafeto, então, em sendo nossa fé a espírita, mais cuidado havemos de ter. Muitas vezes *fazemos caridade*, envenenando *sem querer* o caldo reconfortante que servimos. Ser espírita ainda não alija de nós a condição de sermos humanos. Apenas nos convoca a sermos melhores e verdadeiros.

Forçar atitudes do bem é pedir para que o mal se imiscua, como uma metástase tumoral que vai nos dilacerando o caráter, consciente ou inconscientemente. O mal sutiliza-se, torna-se indireto e carreado no bem que se intentou realizar.

É quando a verdade azeda ou destrói, a consolação deprime, a alegria ironiza, a atitude nobre humilha e subjuga, o comentário edificante calunia e difama. Pelo bem de todos, muito mal se tem feito ainda, mesmo entre aqueles que conhecem os arcanos da Doutrina Espírita.

Se cada indivíduo mergulhasse em profundidade no mote de cada uma de suas atitudes e escolhas, muitos males ter-se-iam impedido ao longo do processo evolutivo.

Permanece atento e sê honesto contigo mesmo. Repara os teus interesses ocultos em tudo quanto fazes, vigiando a nascente dos teus sentimentos.

Se diante de um desafeto, alguém que ainda não amas em verdade, opta pelo silêncio, pela cordialidade, quando não te sintas habilitado a oferecer algo de bom. Não concedas ao mal brecha na tua vida.

Busca o bem que atenue o mal, a conciliação que sustente e ampare, a alegria que a ninguém possa ferir.

É preferível silencies antes de ferir o teu semelhante com expressões imperfeitas do bem, que sempre trazem o mal.

Reflete sobre isso e, se desejas realmente ajudar o teu semelhante, começa ajudando-te a ti mesmo, com honestidade, que também é expressão de amor.

3. O vitral do ego

Tens necessidades e expectativas, construídas ao longo da tua caminhada, ao largo das experiências que te formaram ou *deformaram*.

Diante da educação no seio do lar, ou da ausência desta, em incompleto ou completo abandono socioeducativo, tua resiliência foi sendo corrompida, formando teu caráter como escudo estrutural para defesa da tua integridade, a fim de participares da vida, sentindo-te em espaço seguro.

Vez que outra, vislumbras em outras pessoas comportamentos distintos dos teus e gostarias de te atrever a ampliar os braços, para abraçar o mundo, porém teu caráter te nega essa possibilidade, ante o medo do insucesso da empresa, face às memórias do que atravessaste e que temes se repita no presente.

Contemplas, igualmente, outros comportamentos e atitudes em teus irmãos, que te chocam ou que te parecem estranhos, até mesmo inusitados, assim como, sem que te dês conta, as demais criaturas fazem o mesmo percurso da tua personalidade e, da mesma maneira, pensam sobre teu comportamento e julgam-no.

O caráter é um *vitral*, através do qual a luz mirífica do self vai de encontro ao mundo. Esse mesmo vitral é o portal por onde as experiências chegam do mundo ao cerne do ser.

Por mais colorido e complexo, só permite que aproximações cognitivas da realidade cheguem de nós ou até nós, tingindo as luzes com seus matizes coloridos.

Representa nossos sentidos, nossa forma de compreender o mundo. A maneira de lente muito peculiar e individual, faculta a percepção das experiências vividas, com a dioptria que se forma, a partir da maneira como aprendemos a reagir aos estímulos do mundo.

Desta forma, não te espantes de anotares em ti, como em todas as criaturas, certo grau de delírio, porque todos somos portadores de lentes psíquicas denominadas caráter ou ego, com as quais apresentamos dogmas comportamentais, a partir dos quais fazemos juízo de nossas percepções, nos encouraçando em defesas, as quais precisamos enxergar e das quais devemos e podemos nos libertar.

É necessário mergulhares no processo psicoterapêutico do autodescobrimento, a fim de conheceres a paleta de cores que compõe o teu vitral, tuas origens e mecanismos de fuga e de defesa.

Não é necessário arrebentá-lo, como asseveram alguns, o que representaria golpe em tua economia psíquica dos mais graves, e também porque necessitas do concurso do tempo para aceitares a tua luz interior sem te ofuscares na vaidade, crendo-te portador de superioridade.

Reencarnaste com a tarefa de te tornares humano, para então recobrares em ti a divindade que somos, lucigênitos, sem os riscos da arrogância, da vaidade, do orgulho e do egoísmo, que precisam ser superados.

Podes, sem violência, identificar as matrizes de cada forma de defesa-comportamento e descolorir, paulatinamente, o vitral, afrouxando o comportamento neurótico, sem perderes a individualidade, mas integrando-te e entregando-te à individuação, à plenitude, dando-te conta de todos os conteúdos psicológicos, assumindo o governo interno de teu livre-arbítrio, para decidires ou redecidires, ganhando patamares mais radiantes, por meio de ações nobres.

É necessário que não adies o momento presente, o invite da vida ao caminho na direção de Deus.

Não te deves deter, nem reter a outrem ao teu lado.

Respeitando o vitral de cada qual, opta por cuidar daquele que é teu, ensejando a outrem o teu exemplo, sem impores ao mundo a consciência que já alcançaste.

Ninguém nos ensinou isso mais do que Jesus. Compreendendo o mosaico complexo dos vitrais humanos, fez-se simples nas parábolas, utilizando-se dos mesmos matizes, de cores e formas com que pudesse penetrar nos corações, para os educar – *educere* – arrancando das profundezas do ser, fornecendo meios de cada indivíduo encontrar o melhor em si, sem lamentar aqueles que O esqueceram, que O abandonaram e que, sabia-o Ele, volveriam – como volvemos – ao proscênio das lutas do mundo, para o resgate imprescindível.

Refelete nisso e na singeleza da mensagem de Jesus: onde estiverem os olhos da tua alma, aí estará sua essência.

Posiciona-te, mirando o Cristo por meta, vencendo as turbações, buscando a autocompreensão e a autolibertação, e marcha, resoluto, na direção da vitória.

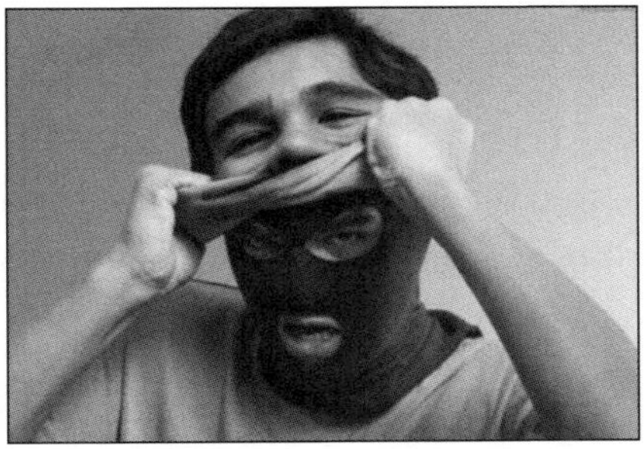

4. Delírio de caráter

As engrenagens de defesa do ego sempre estão dispostas a engendrar escudos com que possam manter na inércia a marcha da evolução do espírito, viciado que está, no seu processo de construção a buscar defender a integridade da vida, apenas perdendo seu rumo original com o egoísmo e o orgulho, que merecem tratamento adequado.

Herdeiro de si próprio, o espírito constrói a personalidade em cada processo de migração corpórea, com o material psíquico que haure nas experiências familiares e sociais, diante das suas próprias percepções e reações destas decorrentes, construindo poderosa lente, a partir da qual crê-se no domínio da verdade. Esse fato, por si só, fá-nos observar que todos os seres são portadores de certo grau de delírio, a que chamamos delírio essencial.

Essa crença dogmática essencial, fundamentada na própria estrutura da personalidade, torna-se responsável pela visão do mundo e de mundo, com as possibilidades inequívocas de distorção, facultando dissociações cognitivas evidentes.

À medida que essa lente, a personalidade, é organizada, o ego estabelece seu campo de atuação e suas fronteiras de defesa, suas zonas de conforto e seus mecanismos de fuga da realidade, quando esta o confronta, que Skinner definiu bem como fugas-esquivas.

Diante desses mecanismos, contemplamos dois que merecem análise no capítulo da fenomenologia das percepções, pois realmente entravam o caminho e impedem conquistas relevantes nos domínios do espírito.

O primeiro mecanismo de defesa, com característica projetiva do ego, é a paranoia, chamada popularmente mania de perseguição. O indivíduo, em seu processo psicológico, detecta em si uma característica que considera negativa por alguma razão internalizada ou extrínseca/social, vexatória talvez, autodepreciativa, aviltante. Leva em consideração, para esse gênero de julgamento, o orgulho, que é seu referencial inercial egoico, sua base, a partir do qual e sobre o qual se movimenta.

A partir desse conjunto e não aceitando os caracteres que foram notados, transfere-os por negação ao subconsciente e, adiante, ao inconsciente, nutrindo o medo de que outrem enxergue o que somente ele percebeu.

Como negar não é superar, mas ratificar o que se teme, a negação contínua faculta a formação de um complexo, um recalque, que o indivíduo passa a projetar ao seu redor, começando a se esquivar, em princípio, para protestar contra aqueles – diz – que ele sabe pensarem mal a seu respeito. Como o orgulho é a base de tal comportamento, não admitindo pensar sobre si próprio e enfrentar-se, passa a culpabilizar parentes próximos, amigos, a sociedade em suma, pelo desconforto emocional em que vive, sentindo-se o foco das atenções de todos, quando o único que implacavelmente o vigia é ele mesmo.

Lograsse enxergar a nascente de seus preconceitos e da dificuldade em aceitar os comportamentos de todos como simples estágios do aprendizado evolutivo, e poderia rir de si próprio, abandonando a postura de vítima infeliz e passando a reflexionar com maturidade sobre as origens da característica que deseja ocultar, escamoteando a verdade sobre si próprio, culpabilizando a todos, para não se ver obrigado a se enxergar e a assumir a responsabilidade sobre sua própria caminhada.

Por que não pode apresentar esta ou aquela faceta ou característica? Por que sente-se diminuído diante de tal situação? Meditar sobre essas temáticas dilui a ilusão do orgulho, fazendo o ser apresentar crítica ao seu estado mórbido, que se baseia no orgulho, radica-se no preconceito e projeta-se como defesa, levando a estados neuróticos graves, culminando em psicoses do gênero paranoide e suas lamentáveis consequências.

Jacques Lacan, o insigne discípulo de Sigmund Freud, denominou de foco psicótico esse núcleo que, como um *buraco negro psíquico*, atrai e faz gravitar todos os pensamentos, percepções e sentimentos em torno daquilo que veicula como verdade.

O paranoico é um indivíduo instável e infeliz, sempre crítico das atitudes alheias, preocupado em manter uma imagem narcísica de perfeição ou de falsa humildade com que pretende iludir a vida, desconsiderando que todos estamos no mesmo caminho, embora sejamos capazes de eleger roteiros e trajetórias próprias.

As lentes de sua personalidade alteram sua percepção, impedindo-o de aceitar a realidade de que pode acalentar em seu mundo íntimo desejos, pensamentos – mesmo os que considera inconfessáveis –, não sendo responsável por gerá-los, mas sim pelas ações decorrentes das escolhas.

Diferentemente das síndromes conversivas, outrora chamadas de histerias, quando o indivíduo cristaliza sua neurose no corpo, que lhe padece a injunção diretamente, sem que o ego participe, a paranoia direciona o ego para uma falsa certeza sobre aquilo que o indivíduo pensa ser ou sente ser, colocando no mundo exterior uma perseguição que mascara seu único algoz: o seu ego.

Esclarecer, entretanto, o portador de paranoia perpassa por uma estrada tortuosa. Antes, é necessário implodir o preconceito matriz, para que se destravem os raciocínios defensivos e que podem levar o indivíduo a paroxismos. A persuasão lógica, para que diluam-se os preconceitos, deve buscar afrouxar as resistências, aliviando a tensão provocada pelo medo de ser pego naquilo que critica nos *outros*. É necessário fazer o indivíduo tomar posse de uma percepção mais legítima dos fatos, fazê-lo perceber o que teme, sem que ele se sinta insultado e torne-se agressivo, pela falência dos recursos da razão e a retomada dos instintos asselvajados de defesa, como pontuaria Alfred Adler.

Diferentemente, o insulto, ocorre porque existe um ego que se dispôs a ser ofendido. Não houvesse orgulho algum e as ofensas não fariam qualquer sentido ao seu alvo, que as observaria a conta de sintomas psicopatológicos de um ser em vias de enlouquecer por autodesamor. Quem valoriza e dá sentido às ofensas é o orgulho egoico, que dita que a criatura humana deverá sentir-se rebaixada, aviltada diante do dedo em riste que lhe apontam e da crítica venal e mordaz.

Quando o indivíduo amadurece, percebe com nitidez que todas as possibilidades e características humanas lhe são inerentes, não se agastando com julgamentos que os menos conscientes são capazes (?) de realizar.

A lucidez propele o ser a não ligar importância a juízos de valor, porque o tranquiliza diante da vida, conduzindo-o com a compreensão de que as experiências menos felizes, tanto quanto as ditosas, são experiências de aprimoramento do espírito imortal. Assim sendo, aceita tuas limitações passageiras, sempre permitindo-te novos e auspiciosos patamares, sem ser congelado no banco dos réus do ego, que sempre o deseja paralisar pela culpa.

Com essa mesma lucidez, adquire a humildade, que não é subserviência nem negação dos recursos infinitos que jazem nos refolhos íntimos da alma, mas a consciência justa e reta da condição e dos comportamentos que deves desenvolver, mediante o esforço, a fim de comunicares o bem em incessante trabalho de amor.

O insultado coloca-se na posição de receber e defender seu "estranho troféu", aceitando a ofensa como tal, porque deseja querelar, ter razão, conflitar. A sua natureza adoecida clama por controle e por territorialização de outrem, de modo que se lança em uma luta expansionista, sem qualquer necessidade.

Quando o ser amadurece, esmaece a necessidade de estar acima de outrem, ter a primazia passageira sobre outrem. Não existe mais a necessidade de autoafirmação, tampouco a de provar algo para si mesmo ou para a sociedade, em suma. A paz haurida pela consciência no cumprimento dos deveres que o self identifica passa a preponderar em seu comportamento, e o melhor coloca-se ao seu alcance. Já notou que não agradará ao gosto de quem quer que seja, mas sabe o gosto que lhe apraz e que lhe deixa em paz, sendo possível tal empresa, sem outros receios. Reconhece que os seres ainda identificados com o ego julgam, estabelecem vereditos e os aceita, tal como conseguiram ser, sem murmurar, não se permitindo a mesma conduta e oferecendo o amor até o sacrifício, pois o self o domina, espraiando dúlcidas ondas de compaixão sem limite, já que compreendeu o processo de evolução.

Pode-se *mensurar* a elevação de uma alma pelos níveis de compaixão e de misericórdia com que contempla as misérias dos egos infantis.

Dessa forma, Jesus apresentou-se a Pilatos e à multidão sanguissedenta e obsediada. "*– Ecce homo!*" Eis O Homem, A Humanidade Real. Ainda que escorraçado, agredido moral e fisicamente, esbordoado, descoroçoado e martirizado até a cruz, não Se deixou abater com o ego coletivo, encarnado e desencarnado, tomado pela peste emocional, reafirmando em Si o Self Divino, inquebrantável, numinoso, que ressurgiria adiante, para a glória da *inofendibilidade imortal.*

A paranoia é o insulto que fazemos a nós mesmos, culpando a outrem, e o insulto é a crença de que estamos acima de todos, aliada ao medo de perder o patamar elegido pelo narcisismo, mediante o juízo alheio. Ambos expressam insegurança da alma, que não amadureceu através das ocorrências da vida, compreendendo que só o amor que se dá, o serviço que se presta e o trabalho a que se entrega têm sabor eterno.

Se começas a ter lampejos de paranoia, melhor é buscares auxílio psicoterapêutico e identificares o comportamento de que desejas te libertar e que se tornou ideia obsidente e tenaz. Assume o que pensas e sentes acerca de ti mesmo, avaliando a legitimidade das tuas percepções, integrando-as ou superando-as, após avaliação minuciosa.

Se te sentes humilhado ou insultado, é porque te puseste em um andor ilusório, crendo-te superior aos demais seres, em compensação à baixa autoestima ancestral, que soterraste em estamento inconsciente. Desperta para a estupidez do orgulho e aceita as críticas mordazes e as tenazes da maldade como vierem, mas sem lhas dar valor ou as vitalizar, porque jamais tisnarão aquilo que já lograste.

O mais importante sempre é não te defenderes, para não te complicares mais, até mesmo porque não deves reconhecer ataque algum. O relevante é a paz na tua consciência, que deves fruir desde já.

5. Conselhos

Quando teu companheiro no caminho, o teu interlocutor, mudar de rumo em sua conversa, alterando o tema, o assunto de que tratas, em temas específicos, tenha o cuidado e a delicadeza de não insistires na abordagem.

Pode ser que a temática doa-lhe na alma e não deseje adentrar por essa trilha naquele momento. Respeita-lhe os limites emocionais, para que a confiança e a amizade se-lhe instalem na alma e ele te possa buscar, com *guardas baixas*, na hora da necessidade.

O hábito de aconselhar a outrem é situação tradicional do comportamento humano.

O conselheiro quase sempre apresenta o vezo de acreditar que é detentor de visão mais clara do que o aconselhado, tornando-se, não raro, seu supervisor e sem indagar ao próximo se ele autorizou a intromissão em sua vida, a pretexto de o amparar.

A amizade, por ser intimidade, não prescinde do respeito aos limites individuais, bem como qualquer psicoterapeuta só fará diagnósticos e proporá orientação quando expressamente autorizado pelo consulente.

A ciência do auxílio requer mais preparação e sabedoria do que as criaturas humanas as mais das vezes supõem ou desejam supor.

O brocardo popular "pimenta nos olhos dos outros é refresco" é muito eloquente, metaforizando o fato de lançarmos aos olhos dos nossos semelhantes as verdades de que nos cremos possuidores. Por outro lado, igualmente, não permitimos ao nosso semelhante a autonomia de decidir e de pensar por si mesmo. Entramos de tal maneira no terreno da presunção de sermos os arautos da verdade, que desrespeitamos o próximo e, pior, não acreditamos no seu potencial ínsito e intrínseco de encontrar as respostas para seus conflitos e desafios.

Diante da vida e das múltiplas oportunidades reencarnatórias, deveríamos tomar ciência de que tanto nós quanto nossos semelhantes carregamos infinitas possibilidades para realizarmos Deus em nós, cabendo a cada indivíduo escolher os caminhos psicológicos que percorrerá na direção da plenitude.

Cada ser dispõe de organização psicológica complexa, originada na influência parental, familiar, de seu horizonte histórico, pelas tendências inatas trazidas consigo de outras experiências reencarnatórias.

Dessa forma, constrói lentes de maior ou menor alcance, com que enxerga a própria vida, sempre apresentando estado de crítica ao próprio estado, ainda que parcialmente obnubilado por essa mesma lente, que é seu caráter.

Mister se faz termos isso bem claro em nossas ponderações psicológicas, a fim de percebermos que nossa visão do outro ou sobre nós mesmo é sempre uma aproximação – incompleta – da realidade, que calculamos com a nossa lente perceptiva, e que esta jamais será uma portadora da verdade absoluta, senão relativa.

Aconselhar a outrem, portanto, é tarefa acolhedora, porém que merece qualificação emocional por parte daquele que se oferece, sempre dirigindo suas cogitações, a fim de que o interlocutor sinta-se acolhido, compreendido, no entanto, sem oferecermos respostas prontas que fazem com que assumamos a responsabilidade por escolhas e decisões que não nos cabem.

Há indivíduos tíbios e pusilânimes que buscam *eternamente* conselhos, por desejarem fazer com que outrem assuma a responsabilidade de seus atos. Encontram vaidosos que se supõem no lugar da onisciência e ambos conduzem-se ao fosso das insanidades.

Se notares estas peculiariedades no teu próximo, admoesta-o, se for teu amigo, a não prosseguir de tal forma. No entanto, afasta-te com educação sempre que coagido por tais crianças emocionais, não acreditando que saibas nem devas carregar no colo quem está apto a deambular e caminhar por si só.

Não te ressintas, nem te culpes, mesmo que acusado de o ter deixado.

Existe uma preocupação com o semelhante que é substitutiva, quando eu acredito saber as respostas e as forneço ao meu semelhante, não acreditando na sua capacidade de autonomia, e há uma preocupação que é libertadora, quando ofereço os meus recursos para auxiliar a criar contextos e legitimar visões, de modo a desvelar sentidos e encontrar respostas, juntos.

Há manipuladores porque há manipulados, que se orgulham e se envaidecem de serem sábios e terem todas as respostas, mas que, estranhamente, não se libertam de seus conflitos, preferindo solucionar fora de sua própria a vida alheia. É necessário para o equilíbrio da vida não se crer, nem pensar, ainda menos agir dessa maneira.

A segurança da alma é patrimônio inalienável de cada indivíduo que vence o "bom combate" com os equipamentos da consciência iluminada pela lucidez e pelo discernimento.

Jesus, que tudo sabia e enxergava com Sua poderosa clarividência, não agia antes de perguntar de quê o outro precisava, indagando em seguida se o necessitado cria no Seu poder de ajudar e, mesmo assim, após a cura, afirmava: "– A tua fé te curou!".

Era nesse desvelamento de sentidos que Ele atuava, demonstrando em Si a confiança sublime de Deus em cada um de nós, a fim de não nos furtarmos à responsabilidade de viver diante dEle.

6. Decepção

Decepção é o mecanismo que a vida encontrou para ensinar ao ego que as criaturas possuem autonomia para realizarem suas escolhas e optarem por seus caminhos, jamais sendo obrigadas a satisfazer nossos desejos e caprichos.

Toda desilusão é proveitosa e educativa, ainda que provoque inicialmente uma emoção aversiva, a dor, naquele que a experimenta.

É imprescindível, entretanto, que aprendamos que os seres humanos encontram-se distantes da angelitude e que aguardar atitudes divinas em seres humanos é desejo a caminho da frustração.

Isso não significa dizer que se deve abandonar a esperança nos relacionamentos individuais e comunitários; tão somente necessita a criatura humana aceitar a outrem como cada ser consegue se organizar e se construir.

Cada um deveria perguntar-se a si próprio se é capaz de controlar seus impulsos, gerenciar seus sentimentos e organizar seus pensamentos cem por cento do seu tempo e topariam com grandes desafios no exercício de seu livre-arbítrio, que é relativo ao grau de sua própria consciência, liberta ou não dos atavismos e automatismos.

Para exercer o ato volitivo pleno, o espírito imortal necessita ser igualmente pleno. Enquanto isso não se dá, todos os seus pensamentos e sentimentos estarão sempre tisnados de purezas egoicas, não podendo cada indivíduo exigir de si próprio a perfeição, o que em si já gera frustração e decepção. Deve-se perceber exatamente o mecanismo do ego orgulhoso, que não aceita aquilo que lhe desmascara a imperfeição, por preferir fixar-se nas expressões infantis, que redundam em egotismo, hedonismo, narcisismo, em suas expressões superlativas várias.

Projetando no mundo as limitações que não deseja enxergar em si, cobra e fiscaliza as atitudes das demais pessoas, como se pudesse e tivesse o direito de apontar arestas que igualmente não soube ou não quis aparar em si mesmo.

A decepção e a desilusão são irmãs gêmeas e inseparáveis, são consequências naturais do orgulho e do egoísmo, mas para abalar as infantes estruturas defensivas do ego e fazer com que o observador-self dirija suas forças no sentido de educar a alma para o respeito e a aceitação da realidade do próximo como a de si mesmo, passando a perseguir a própria iluminação e permitindo que cada um possa palmilhar a própria estrada da maneira que conseguir e anelar.

À medida que o espírito se desenfaixa do ego infantil e dominador, reconhece a alegria de permitir-se aceitar, sem conivir com as atitudes negativas. Ri de si próprio ou chora, mas sempre lutando por tornar-se a cada dia uma versão melhor de si próprio, sem autopunições e autoflagelações orgulhosas, não perdendo tempo com essas expressões vaidosas e feliz, sim, pelo trabalho que o espera.

Da mesma forma, não sofre com os insucessos do seu próximo, mesmo aqueles que o atinjam com agressividade, abandono, rejeição, *bullying*, entre outros, pois felicita-se por não ser instrumento do sofrer e do mal – que é incosciência –, sempre perdoando, preservando-se e respondendo à vida com sabedoria e amor.

À medida que o ego se transparece, abandonando o orgulho e o egoísmo, toda agressão recebida deixa de o ser, pela absoluta indignidade do ofensor, e a dor perde para a compreensão e para a compaixão. Compreendendo de maneira lúcida a vida, não há mais necessidade de deixar-se decepcionar ou desiludir, porquanto não espera do outro, nem pelo outro. Investe o tempo naquilo que pode e deve fazer e construir de melhor e para melhor.

Não vitalizes as experiências aversivas.

Se te reconheces decepcionado, recorre à psicoterapia e percebe onde teu ego te engodou, libertando-te desse conflito perturbador.

Se te encontras desiludido, agradece a libertação do cárcere da ilusão e resignifica a experiência.

Não prometas a ti metas, nem desempenhos, para que te não decepciones contigo mesmo, nem te desiludas de maneira dolorosa e sem proveito, contudo, lava tua alma em esforços diários de autolibertação pelo amor e pelo conhecimento, pelo trabalho incansável no bem, dando-te o presente perene, o eterno gozo de seres cada vez melhor em tua própria estrada.

7. Decisão e assertividade

Há indivíduos que se sentem incapazes para tomar decisões. Culpam a vida, responsabilizam pessoas, sejam amigos, irmãos, pais ou filhos, e chegam a indagar o que será destes, caso decisões sejam tomadas, quando dão-se conta de que algo merece ser mudado. Dizem-se reféns daqueles entre os quais vivem e com quem dizem preocupar-se, em triste e franco desculpismo, não assumindo a própria fraqueza, os próprios medos.

Não buscam, outrossim, a terapêutica adequada, para vencerem o estágio doloroso onde se permitem estar e se demoram.

Aquilo que percebas que é necessário fazer, para tua própria evolução, faz; aceita e avalia os mecanismos que deves desenvolver para a mudança, que se faz imperiosa.

Evoluimos coletivamente, porém, não devemos adiar a oportunidade de crescimento interior, alegando medo dos que se demoram na retaguarda, mascarando nossa fraqueza com a capa do cuidado aos semelhantes. A ascese é individual e sempre solitária, para que possamos voltar mais fortes e firmes e soerguer os que se demoraram.

Não tivéssemos o direito de caminhar, quando outrem não desejasse nos acompanhar, e como ficariam os missionários de

Jesus, os Seus trabalhadores, se estacionassem em suas jornadas, temendo que a humanidade não os seguisse? De outra forma, como te sentirias sem ter a confiança dos teus benfeitores na tua capacidade de soerguimento pessoal, desacreditando de teu potencial, conduta inadequada a um pedagogo?

É necessário que cada indivíduo avalie profundamente a matéria de seus medos e o que realmente o impede de superar as indecisões e a falta de assertividade, para realizar suas escolhas e eleger o melhor caminho.

Fala-se igualmente em medo de trair a expectativa alheia, como se tivéssemos de realizar os caprichos e desejos de outrem, sem decepcionar a família, a sociedade em suma, entretanto, não se cogita em não se trair a própria consciência e realmente optar por ser feliz, realizando o bem, servindo mais e sempre à vida.

Muitos trabalhadores valorosos, em múltiplos setores do serviço cristão, tombam nas armadilhas da indecisão e da falta de assertividade, alegando inúmeras questões e obstáculos que os impedem de realizar suas tarefas, pelo medo de incomodar os afetos mais próximos ou de serem apontados como excêntricos e diferentes... Fazem, assim, um auto*bullying*, sempre projetando a responsabilidade para fora de si mesmos, em atitude pueril.

Se Jesus esperasse agradar a humanidade, a família terrenal para cumprir Seu ministério de amor e educação, que seria de nossa civilização, que não teria sentido o perfume do amor e o sabor da verdade emanados dEle ?

Atravessou o Mestre as estações árduas do martírio, desde a manjedoura à cruz, jamais traindo a vontade do Pai com o qual era Um.

Encontramos no presente os equipamentos que a Doutrina Espírita nos legou, bem como a contribuição das doutrinas psicológicas, ricas em modelos de pensamento com que podemos mergulhar nas raízes de nossos conflitos, de nossas inseguranças, que nos conduzem por uma vida sem assertividade nem autenticidade, para vencermos nossa baixa autoestima e os medos dela decorrentes, mediante uma lógica inabalável.

Quem, mesmo assim, afirma medo do voo, locupleta-se com o vale...

Quem diante de tanta beleza e de tanta paz possível de se atingir, antes, para regressar e amparar os que permaneceram na inércia, depois, prefere – ainda assim – permanecer chafurdando no lodaçal, ainda se nutre da lavagem pestilenta.

O momento de decisão é árduo e a hora da assertividade arranca-nos das zonas de conforto da indolência, porém, são divisores de águas definitivos e avaliam as conquistas já logradas.

Na alma amadurecida, é o momento sublime em que se dá conta dos elementos psicológicos que constroem cada evento, sendo capaz de análise e de tomada de caminho, com que abrace o próprio progresso, a fim de, mais adiante, apresentar condições para socorrer os que se detiveram na estrada.

A pior decisão é a que não tomas, é a omissão interior, é não te comprometeres a tomar decisão alguma. Para de colecionar medos e incertezas e perde a ilusão de controlar algo que não seja a ti mesmo. O salto não depende da altura, mas da obstinação que conduzirá a robustecer as tuas asas.

A asa do amor e a asa da sabedoria, para ampararem quem fica no vale, devem tornar-se fortes, por meio do teu esforço e de tua firmeza.

Para amparar, não cogites de antes salvar a ti próprio. O mundo está cheio de socorristas sem as mínimas noções de primeiros socorros da alma.

Aceita que agora, neste exato instante, é o teu tempo oportuno, o teu kairós, não traindo o ensejo que a vida te proporciona, a fim de que possas, e com mais proveito, mais tarde, amparar por tua vez teus amores que te não compreenderam os anelos do céu, mas que estarão contigo, além.

8. Absurda onipotência

Inúmeras creaturas humanas, recorrem à queixa sistemática, referindo-se usadas por outras, sempre que apresentam a boa vontade e a disponibilidade de servir.

Vivem tristes e acabrunhadas, melancólicas e vitimizadas, sentindo-se abanonadas, relegadas aos últimos lugares das filas humanas; anotam e colecionam decepções, culpabilizam os afetos a quem se dizem dedicar com amor e espírito de cooperação.

Não conseguem enxergar o embuste psicológico e a armadilha em que situam os próprios passos.

Somente Deus é onipotente, onipresente, onisciente. Sua presença abarca, abrange e transcende a tudo e a todos, onde também é imanente.

Os indivíduos que referem e reclamam da ingratidão alheia e de se sentirem usados, são doentes graves, portadores de deficiências visuais severas.

Aqueles que mendigam a atenção de outrem, que esmolam o afeto do semelhante são portadores de baixa autoestima, atraindo para si as migalhas de seus semelhantes, jamais a amizade legítima, com que se autovitimizam em masoquismo lamentável, reforçador de crenças e de contingências neuróticas graves. São indivíduos que construíram uma identidade frágil, não logrando organizarem-se ante os traumas vividos na infância ou em existências passadas e que creem situar a humildade no país da autodepreciação, com que creem vencer os dramas e as culpas dos erros praticados em existências anteriores.

Aqueles que se deixam usar são os vaidosos mais disfarçados, os que, em verdade, vangloriam-se da onipotência de que se sentem dotados, para tombarem adiante na frustração que sempre os abate, quando se dão conta de não poderem tudo realizar, somando-se a isso a desconsideração dos egoístas, que amam usá-los e descartá-los, logo adiante.

Outros são orgulhosos e não aceitam não poderem auxiliar a outrem, derrocando a própria caminhada, para satisfazer a aparência da onipotência que desejam projetar e por ela serem ovacionados, o que nem sempre ou raramente ocorre.

Em todos os casos, ser usado e deixado, mendigar e recolher esmolas, desejar ser mais do que conquistou dentro de si mesmo são patologias oriundas no narcisismo da creatura e que merecem cuidados especiais, após o despertamento oportuno promovido pelas ilusões e pelas decepções.

Aceitar a capacidade e a autonomia daqueles que nos cercam, sem fazer pelos outros o que os outros podem e devem fazer por si mesmos, é acreditar e creditar confiança no próximo, que se deve sentir feliz, porque encorajado.

Se sente-se abandonado o teu irmão, porque tu não fizeste por ele o que ele bem poderia ter realizado, é problema da infantilidade psicológica, que não corre por tua conta, a menos que assim o desejes e, neste caso, problema teu.

Há manipuladores, porque há os que se prestam a serem manipulados.

Estás disponível para socorrer a necessidade, não para endossares o supérfluo e o abuso dos bens da vida, quando a necessidade é tanta em toda a parte. Sabes que aquilo que ora deténs são recursos postos em tuas mãos, a fim de santificares o seu uso em nome do supremo bem.

Qualquer abuso representa transgressão das divinas leis, que já possuem dispositivos e sanções correspondentes, que emergirão da consciência, conduzindo-te à reparação.

Sabendo disso, por que te exigires socorrer a tudo e a todos, quando reconheces que ninguém fugirá ao seu karma e às determinações da consciência. Aquilo que doas pode ser perdido por imprevidência do teu semelhante ou multiplicado em bem maior para a coletividade. Se teu semelhante necessitar, face aos dispositivos e à programática reencarnatória, atravessar dificuldades, não será teu auxílio que o eximirá, embora conserves o teu mérito de o amparar.

Cuida, pois, da tua administração e permanece confiante e sereno, que aquilo que deves e podes fazer pelo teu semelhante será oferecido e apresentado ao teu caminho. Entretanto, tem a certeza de que a vigilância no ato de doar, muito mais que um gesto de amor ou de previdência, também é solução que requer, obrigatoriamente, atravessar o crivo da humildade.

9. Dependência afetiva

Ausculta o próprio coração. No momento de exteriorizar teus sentimentos ao próximo, evita dramatizar a sua ausência, crendo que assim faz com que o outro note a importância que lhe atribuis na tua jornada.

Enquanto destilas a tua carência, como núcleo de abandono, tentas manipular teu semelhante, que se sente responsável por ti, sem que o seja.

Ele se encontra em luta evolutiva, assim como tu e atenaza-o com os dardos do teu negativismo disfarçado de saudade, desanimando-o ante os seus desafios, pelas cobranças que fazes, ainda que veladamente e ajuda-os a tombá-lo.

Não será somando fel e tristeza ao teu semelhante que o fará perceber o quanto é amado, bem como quem assim procede padece de patologia radicada no egoísmo, carecendo de ajuda terapêutica urgente.

Nenhuma prisão liberta.

Ama, aprendendo a abrir as portas da cadeia do egoísmo perturbador, permitindo que o ente amado, a maneira do pássaro livre, possa ir e vir, pousando e retomando o voo, por se sentir em área de paz.

Sê aquele que soma alegrias, multiplica esperanças e que divide o melhor, na obra de ampliar o bem comum, sem desejar aprisionar para si a outrem.

A dependência emocional e a codependência são patologias avassaladoras da alma. Pelo apego à posse de outrem, constróis armadilhas, minas as resistências do ser querido, roubando-lhe o ar das oportunidades em excesso de zelo, com que pretendes escravizar-lo, de modo disfarçado. Sabota-o, gerando necessidades que podes sanar, para te tornares, por tua vez, necessário.

Desde as manifestações mais infantis, às terminologias formais e informais, como síndrome do *berço vazio*, síndrome de *munchausen*, ansiedade de separação, entre outras, representam apelo do ego de ser reconhecido como imprescindível, o que assinala que o indivíduo portador de dependência não reconhece seu valor pessoal.

A tua baixa autoestima, deves resolvê-la em ti e não por meio de teu semelhante.

Ama mais, doa-te mais, reclama menos de cada prova e de cada luta com que a vida te abençoa.

Entende a origem de teus conflitos, a razão de te sentires irrefreavelmente só e tem a coragem de lutar de maneira tenaz por superar esses estados, a fim de não seres instrumento de adoecer teu e de teu irmão no caminho.

Jesus, em Seu ministério de amor, ao perceber a possível dependência dos Seus discípulos, diante dos testemunhos que se aproximavam, asseverou: "— Para vós, convêm que eu vá!".

Imprescidível exercitar o amor na aparente distância ou na presença ao lado, sempre fornecendo o melhor de nós.

Não temos o direito de pesar nos ombros alheios, principalmente a título de demonstrar ao ser amado nossos sentimentos.

A carência afetiva é um atavismo advindo do distanciamento do Creador. Quem se volta na direção de Deus, em caminho de regresso, por intermédio do trabalho no bem, não a sente, porque não menospreza seu tempo no querer para si, antes ocupa-se em dar de si.

Reflexiona em torno de teus passos e coloca-te como facilitador da vida coletiva, sem colecionares reféns emocionais que, por sua vez, também te agrilhoariam a lamentáveis situações. Ama e passa, sem deter e sem te deteres, abraçando a humanidade por meio da semeadura do amor e do bem, certo de que, mais rápido, cicatrizarás tuas feridas ancestrais e te regogizarás, ante a plenitude que alcançarás.

10. Desculpismo

Inúmeras vezes, a creatura humana alegará incapacidade para seguir as leis divinas ou se apresentará com a capa da humildade, referindo ser imerecedora desta ou daquela concessão celeste, hachurando suas deficiências, por mecanismo de "malandragem" emocional.

Isto se equipara ao servo da parábola, que enterra os talentos que o senhor lhe havia confiado, sob alegação de medo, e que encontra, como consequência, o opróbrio da consciência culpada.

Maria de Magdala, após o encontro com o Mestre, iniciou imediatamente sua jornada de sublimação pelo amor.

O doutor da lei, Saulo de Tarso, ao contato com o Mestre em Sua glória, abandonou apegos fundamentalistas e aceitou as árduas disciplinas, para manter a sua mesma determinação, agora em rumo certo, sendo apedrejado em Seu nome, dias a frente.

O pescador filho de Jonas, Pedro, após o canto do galo, caiu em si e, em seguida, não mais hesitou até a cruz, tornando-se pedra angular do Evangelho nascente.

Não foram poucos os que se deixaram transformar ao toque do Divino Mestre, bastando, para isso, não haverem menosprezado o tempo em desculpas inúteis e fúteis, diante do trabalho vasto por fazer.

Encontraste Jesus em tua jornada...

Se teu coração foi tocado, não te afastes mais da estrada que encontraste, não te deixes enganar, não enganes a quem quer que seja...

Não relaciones limitações, nem impedimentos de qualquer jaez, porquanto sabes que Ele, o Mestre por excelência, te capacitará para realizar o teu labor, se te decidiste por segui-lO até o fim. Nada tens a temer.

Aceita a prova e a expiação da incompreensão e as urzes do caminho, agradecendo a Deus poderes testemunhar tua fidelidade ao ideal abraçado, não por masoquismo de qualquer sorte, mas por inteira compreensão da fugacidade das experiências corpóreas que não podem tisnar tua clara visão do objetivo a seguir e a perseguir.

Procura ajudar sempre, encontrando em cada tarefa, simples ou não em tua concepção, o obséquio divino com que a providência te fornece métodos de desenvolver aptidões novas, recordar antigas e superar as defecções do pretérito.

Hoje é o teu dia de seguir. Não olhes para trás, nem enterres a oportunidade.

Abre tua alma ao amor-trabalho e serve sem trégua nem quartel, na busca incessante de realizar o Reino de Deus ainda aqui.

Ele esperará por ti, mas é melhor que não o deixes esperando por mais tempo.

Não adies a hora da tua felicidade.

11. Estranha moral

O mundo cobra que tu faças justiça com as próprias mãos, ante as agressões recebidas.

O Evangelho, porém, recomenda ofereça a outra face, sem reação asselvajada, promovendo a ti e ao próximo a conscientização e a dignificação íntimas, silenciando o mal.

O mundo cobra que te entregues aos prazeres fáceis e de ocasião, alegando que a vida te parece curta e finita.

O Evangelho, porém, recomenda que amemos ao próximo como a nós mesmos, elevando-nos a razão e o sentimento a patamares de respeito à vida e à sublimação das forças, sem o desperdício lamentável das engrenagens.

O mundo cobra mantenhamos as aparências e vivamos no culto da vaidade, confundindo-a com autoestima.

O Evangelho recomenda tenhamos cuidado com o corpo e com o mundo interior, aceitando a beleza e preservando-a como expressão do bem, porém não ligando importância às opiniões de outrem, quando nossa consciência estiver limpa e pacificada.

O mundo nos cobrará tenhamos atitudes másculas e nos tratará de covardes, se não exigirmos a reparação que nos é devida.

O Evangelho, porém, recomenda a coragem do silêncio, para que o infrator ouça mais rapidamente a voz da própria consciência, caindo em si, para buscar a reparação como simples dever intransferível.

O mundo cobra, o Evangelho recomenda...

Em todos os lances da existência, no rumo da vida imperecível, defrontarão os discípulos sinceros do Evangelho a perturbadora onda e a tenaz condenação do mundo, face às atitudes diferentes que aqueles que encontraram Jesus tomarão por norma de conduta.

É por essa razão que, em resposta à rogativa de Jesus, Deus enviou o Consolador ou Paráclito, a fim de que a imortalidade em glória fosse revelada aos crédulos, para terem certezas, e aos incrédulos, a fim de que despertassem, movimentando os recursos do próprio ser, para compreender a finalidade precípua da humanidade.

Eis porque o Espiritismo é necessário e urgente como roteiro: porque torna os seus adeptos melhores cristãos, fazendo-os entender as máximas do Cristo, sem prejuízo às demais formas de crer e que também se podem beneficiar ao seu toque.

Somente a compreensão legítima do Evangelho, por meio da Revelação Espírita, consegue, em um golpe, equacionar as questões da crença, do conhecimento e da fidelidade ao bem insculpido na consciência do ser, abrindo espaços para o indivíduo iluminar-se pelas ações dignificadoras e nobres, compreendendo-se, ainda que incompreendido, amando e amando-se, ainda que não amado.

Descortinando os arcanos da imortalidade, faculta ao seguidor o claro entendimento das consequências do bom ou do mal emprego do livre-arbítrio, ensejando a oportunidade de, por meio das provas por que haja de passar, com o coração tomado de confiança irrestrita na ordem divina, superar os óbices com galhardia e tranquilidade, mesmo que sob chuva de pedras.

Assim, o que o mundo acusa como estranha moral não se-lhe afigura estranho, e a moral, utopia da ética, passa a ser o simples apelo da própria profundeza da alma, convidando a creatura humana a agir antes de reagir, construindo em si e ao redor de si mesma o Reino dos Céus, desde este exato instante.

12. Ferrugem na alma

A mágoa sistemática corrói as engrenagens da vida. Tóxica e insidiosa, erode as sutis e sensíveis *cordas* da alma, instalando o desar, a desconfiança no bem, fomentando o abandono dos compromissos, assim como a desistência, paulatina de si mesmo.

Inicia-se com a decepção ou com o golpe recebido, quando expectativas elaboradas pelo ego são destroçadas ante o choque de realidade, e outrem não correponde, como é natural que ocorra, aos nossos desejos.

Aprofunda-se, como reverberação auto-obsessiva e orgulhosa, cobrando do magoado a vindita, o desforço, o revide, que justifica como sendo correto, jamais o sendo.

Vai aniquilando cada boa possibilidade, envenenando os raciocínios, corrompendo as emoções e conduzindo às depressões de difícil tratamento.

É-te imperioso proteger as fronteiras da tua alma deste inimigo infeliz.

Acautela-te acerca de suas urdiduras e de sua astúcia, não lhe permitindo enraizar-se em tua estrada, fazendo-te derribar de tua marcha, que é a que persegue as coisas excelentes.

Reconsidera a realidade e vê que aquele que te feriu ou fere é um infeliz, que não soube valorizar o convívio amoroso. Permanece em paz, como antes de sua chegada, seguindo sereno após a sua partida.

As creaturas humanas não são obrigadas por lei alguma a cumprir metas estabelecidas pelo teu ou pelos desejos de quem quer que seja, sejam quais forem. Autonomia para evoluir e soberania sobre seu território espiritual são direitos inalienáveis da alma. Não cobre do teu próximo ser ele o tema de tua mágoa, coagindo e ferindo, igualmente.

Reflete que tu também já magoaste e certamente ainda magoas, devendo manter a tua vigilância no sentido de não ferires a outrem e agradecendo os golpes recebidos que te ensinam, reciclam e fixam lições importantes.

Sempre somos e seremos plantas no jardim alheio, e no terreno do convívio, seremos convidados à reflexão pela dor, enquanto houver ego insatisfeito, interpondo-se entre nós e a plenitude.

O que de fato importa é amarmos pelo amor de amar. O amor nada exige, não se cansa, não se agasta, não se azeda, nem se amarga, como salientou Paulo de Tarso, o apóstolo da gentilidade. Conduz-nos a compreender a nossa necessidade de paz interior, com que podemos lecionar equilíbrio aos que tropeçam nas trilhas do egoísmo, do orgulho, do medo e da falta de confiança na luz interior.

Aquele que nos fere é o instrumento de que a sabedoria divina se serve, para nos educar, para arrancar de dentro de nós o melhor ergastulado, a fim de superarmos as exigências descabidas do ego, instalando o silêncio harmonioso da serenidade.

Compreendendo com a Doutrina Espírita a anterioridade dos relacionamentos, mais responsáveis nos tornamos, por enxergarmos que os acidentes de percurso atuais são reflexo do passado ruinoso, e que nosso amor pode superar – e deve – todos os males, obstáculos e empecilhos, em nome do bem que anelamos se instale na humanidade, em clima de verdadeira família.

A mágoa paralisa as tuas passadas, congelando-te na pretensa necessidade de reconhecimento alheio das faltas cometidas contra ti.

O agressor, seja como for, receberá da vida o momento de retomada da consciência, com o despertamento e o reajuste imprescindível à própria paz. Tu, porém, podes exercitar o perdão, compreendendo em ti mesmo as imperfeições humanas, os nós emocionais, alguns cegos, em que muitos se prendem, impedindo-os, momentaneamente, da lucidez para a decisão certa.

Liberta-te da mágoa e liberta a outrem das tenazes da cobrança, aproveitando todo ensejo relacional para crescer e não negligenciando nem postergando a hora da tua felicidade.

Não cobres, não insistas, não alegues preocupação com a verdade e com a justiça, acicatando o teu semelhante, *doutrinariamente*. Todos possuímos consciência, onde as leis de Deus, ínsitas, nos recordarão dos compromissos assumidos, dos comprometimentos, dos gravames.

Não foram poucos os que conviveram com Jesus e evadiram-se de Sua presença, sob as mais variadas alegações, fugindo para seus *espaços de segurança*, para despertarem, adiante, sob o látego da culpa de se terem autoabandonado.

Não foram poucos os que O abandonaram nos instantes decisivos do testemunho, relegando-O à solidão extrema, para, mais tarde, despertarem e seguirem-nO com decisão até o holocausto.

A vida a todos enseja oportunidades de renovação, a todos invita a consultarem a consciência e a todos felicita por haverem se libertado do mal.

Com Jesus, penetra o santuário da tua alma, compreendendo que a grande mole humana não te conhece na intimidade, sem deixares de realizar o que já sabes e sentes, à saciedade, como fazer.

13. Inimigos

Vê-los-ás inúmeras vezes, ao longo de tua caminhada...

Alguns foram tuas vítimas no pretérito, próximo ou remoto, quando ainda te negavas o encontro com o Cristo, e não te perdoaram a crueldade.

Outros viram envergares a túnica sacerdotal com hipocrisia, a soldo de interesses subalternos com que os feriste, e não te perdoaram a maldade e a farsa em que vivias.

Aqueloutros foram parentes menos favorecidos, que o teu egoísmo esqueceu, ali filhos abandonados ou trocados pelos bailes e ouropéis do mundo, e não te perdoaram a insensibilidade e a avareza com que te conduzias.

Foste colecionando comportamentos impróprios, senão bizarros, até que a dor te despertasse para os imperativos do amor e clamastes à Consciência Cósmica por uma nova oportunidade, para reajustamento dos erros perpetrados.

Os benfeitores espirituais dialogaram contigo, advogaram em tua defesa, avaliando e ratificando, como teus fiadores, que teu desejo de transformação era sincero e que movimentarias teus esforços, no sentido de reparar os males praticados, os danos provocados, ainda oferecendo teu amor em sacrifício, pelo bem daqueles a quem o teu orgulho e o teu egoísmo feriram, ultrajaram.

Escolheste, então, as provas pertinentes às tuas necessidades, sabendo que os embates não te seriam afastados, como convites à reflexão profunda e contínua acerca das finalidades precípuas da vida.

Seriam as dores a tua aduana moral, candidatando-te, desta forma, a um voo ao país da plenitude e da paz.

Reencarnaste, enfim, trazendo contigo o teu passado dentro de ti mesmo, bem como na densidade específica das vibrações que irradias, atraindo e sendo atraído pelas antigas vítimas, que fazem parte dos teus círculos de convívio, seja na parentela corporal ou nas imediações sociais do teu convívio.

Sofreste rejeições pré-natais e perinatais, relacionastes ausências daqueles que te deveriam amar e proteger, porém não conseguiam...

Foste agredido, quando pequeno, pelo *bullying*, como se atraísses mentes inquietas e cruéis, em corpos infantis ainda, que te perturbavam a marcha, levando-te à solidão.

Foste acicatado pela violência doméstica ou pelo abuso da sexualidade nascente, e perguntaste o porquê de tantas expiações e provações, quando ainda em tenra idade, porque a memória do passado fora obnubilada pela nova enfibratura de carne.

Sentiste a partida dos entes queridos e de amigos, e a permanência dos sicários e perseguidores contumazes no seio da própria família e nos círculos por onde transitas.

E, quando te pensas a salvo e independente destes últimos, encontras na grei a que te filias e onde trabalhas, pelo ideal espírita, que te revelou a anterioridade das provas e das lutas depuradoras, a presença das sombras, que te parecem sitiar a jornada.

Antes, porém, de te exasperares, recorda que os inimigos não eram teus inimigos; tornaram-se, devido aos teus maus exemplos, que não souberam ou não tiveram a habilidade de suportar e superar.

Encontraste em tua caminhada a Doutrina Espírita, que te despertou a memória e a intuição dos compromissos assumidos, equipando-te com o entendimento da vida causal, do mundo espiritual e todas as consequências decorrentes.

Enxergas a vida, agora, com novos olhares, como seria natural.

Os inimigos nos disciplinam a alma a não errarmos e a aperfeiçoarmos nosso caráter. São grandes, valorosos mestres em nossa senda evolutiva. Abençoá-los com gratidão é o mínimo que lhes podemos oferecer, por serem hábeis instrumentos com que a vida lapida o nosso ser, em gema bruta, para libertar a geometria perfeita da joia ergastulada na pedra.

Ajusta o foco em tua alma e considera os adversários de hoje tais como são, as vítimas tuas do passado, porém os futuros amigos do porvir radioso, que é o teu e o fanal deles igualmente. Asserena as ansiedades do coração e as angústias a frente de suas investidas. Tua conduta demarca quem és e se te aprimoras a cada dia, distanciar-te-ás do raio de ação dos teus credores implacáveis.

Eles, os inimigos de hoje, só podem te ajudar se souberes enxergar com sabedoria a mensagem oculta em cada investida, em cada atentado contra a tua harmonia, esquecendo e abrindo mão de quem te fere, a fim de aproveitares a lição que lá está, para ser apreendida.

Aperfeiçoa a tua alma, a cada dia, considerando tua imortalidade, que já descortinas. Não hesita em doar-te em holocausto, amando ardentemente e com o coração puro nas intenções, a fim de que deixes pegadas luminosas por onde palmilhares em tua senda, aos poucos dissolvendo o gelo dos corações ultrajados do passado, os quais, cada qual a seu tempo, verão que tua transformação para melhor aconteceu em clima de autenticidade.

Certamente que não crerão em ti de imediato, mas também sabes que tu não crerias e isso é natural. Tu não te sensibilizarias, se foste o ofendido e humilhado. Concede-lhes tempo, não perdendo o teu tempo para seres feliz, devolvendo à vida o bem que diluirá o mal e, mais à frente, o esbaterá em definitivo.

Hoje, é dia da colheita ruinosa do passado. Hoje, porém, é a semeadura do futuro de bênçãos. É mister não adiar a experiência, por mais se te pareça acre, pois do teu sacrifício depende a recuperação de muitas vidas.

Não te canses de servir e de fazer o melhor, mesmo que apedrejado; não te queixes, mesmo que doa e atribule; não te paralises, ainda que permaneças perplexo inúmeras vezes.

Sê tu aquele que ama, que freia o avanço da noite da alma com a tua atitude.

Coleciones amigos, desde já, derramando o bálsamo da caridade por todos os meios possíveis.

Não é importante que sejam teus amigos. O que realmente importa é que tu sejas amigo sempre de todos, mesmo que não te devolvam o afeto, nem o concurso fraterno.

Teu inimigo é sinal de reencontro promissor, assinalando novos rumos na tua caminhada espiritual. Agradece-o e ama-o, esforçando-te por te libertares do orgulho e do egoísmo, que te atenazarão, e verás que a vida pode ser diferente.

14. Justiça

Com muita propriedade, Aristóteles, o célebre filósofo grego, demarcou os conceitos de culpa, dolo e virtude, que assinalam o direito humano, no mundo, na busca do homem pela justiça, pela correção e pela equidade. A partir deles, estabelecem-se leis e regulamentações das relações humanas, enquanto o Reino da Consciência Cósmica Profunda não emergir dos seres, para a realização de uma sociedade crística, em que os códigos volumosos sejam substituídos pela incapacidade de praticar o mal, com total integração ao bem.

Enquanto isso não se dá, pululam entre os seres as imperfeitas noções de normalidade e anormalidade, de certo e errado, de justiça e injustiça, reclamando por roteiros seguros.

Immanuel Kant permitirá, mais tarde, refletir que quando os seres estabelecerem uma real *crítica do sentido do juízo*, compreenderão que o amor e as demais virtudes tornar-se-ão *juízos éticos* ou *imperativos categóricos*, pela absoluta compreensão e apreensão do bem, do certo, do justo e do bom, para o engrandecimento da civilização.

Enquanto o ser demora-se no entendimento parcial do bem e ainda predominam na sua natureza o orgulho e o egoísmo, estes criarão, nos indivíduos e nas coletividades, mecanismos de camuflagem psicológica. Tais camuflagens sustentam suas astutas argumentações, seus sofismas, que nutrem e mantêm o mal sob uma capa bem costurada de falsas virtudes, que somente o exame sério é capaz de desmascarar com proveito.

A justiça humana reclama pela corrigenda do infrator, no entando, sem enxergar a imortalidade que precede a existência e que vence a disjunção molecular pela morte do corpo; não logra divisar horizontes mais vastos, confinada que está a compreender apenas um ato isolado no imenso teatro imortal da vida, onde os personagens estão longe de compreenderem os atores de suas próprias tramas.

Importa considerar que se a visão é sofista, todo julgamento será relativo ao horizonte visível, e todo julgamento possível será então apenas uma peça e um instrumento nos imensos processos que a Consciência Cósmica disporá, como prova ou expiação, a fim de educar ou reeducar os trânsfugas da lei. Injustiças passageiras do mundo serão utilizadas nos intrincados mecanismos dos resgates, enquanto o direito humano for imperfeito. Quando ele se cristificar, outros serão os dispositivos usados pela divindade para educar.

Somente Jesus viveu o sentido de justiça com plenitude, razão porque permaneceu incompreendido na quase totalidade de Suas ações e ditos.

Diante da mulher adúltera, ofereceu a todos os litigantes e querelantes a dura reflexão sobre o direito de condenar, quando dispomos de meios de acolher, renovar e devolver a vida com amor, oferecendo apoio psicológico para a mulher vítima de si mesma e de uma sociedade hipócrita e preconceituosa, e orientação precisa à coletividade enraivecida e ignorante.

Diante dos fariseus ardilosos, reconhecendo que César só dispunha de poder temporal, porque assim a providência divina o situara, como instrumento de prova para os homens em sua época, recomendou que se cumprisse a lei e fossem pagos os tributos a César, em obediência aos ditames que a existência solicitava e sem prejuízo algum ao cumprimento fiel da Lei divina.

Diante de Pôncio Pilatos, aceitou o julgamento manipulado por Anás e Caifás, deixando-Se condenar a duras penas por crime que não cometera, guardando a confiança e a serenidade, mesmo frente a dores excruciantes, rogando perdão ao Pai pela ignorância de Seus algozes que, animalizados, seriam, mais tarde, obrigados pelas suas consciências aos mais ásperos testemunhos, ao longo dos milênios, a fim de repararem suas faltas.

Somente a visão espírita fornece clareza suficiente, a fim de compreendermos que os fenômenos passageiros de uma vida são peças de um mosaico milenar, aceitando o direito do mundo em que vivemos, sem deixarmos de cumprir o direito divino, insculpido na consciência.

Somente a observação da imortalidade fá-nos enxergar que a injustiça passageira é expiação de nossa improbidade ou crueldade pretérita, e que de nós dependerá o futuro de justiça e bondade, nos atos do nosso presente.

Aceitar as lutas e os desafios da vida e suas injunções, fornecendo o melhor de si mesmo até o extremo sacrifício é privilégio de poucos que adentraram o domínio vivo das máximas do Evangelho, não anelando vencer ou ter razão no mundo, porém desejando vencer o mundo e ter paz de espírito por haver feito o melhor.

Não se defenda dos ataques promovidos contra tua pessoa, reconhecendo que o Cristo advoga a justiça verdadeira diante da vida imperecível.

Não percas tempo, buscando sustentar diante do mundo a honra que o mundo parece exigir, preferindo o adjetivo de covarde ao de homicida ou outro equivalente, entrando na vida eterna de mãos limpas e coração tranquilo.

Não consintas que a serenidade e a harmonia fujam de teus passos, por mais aflitivos sejam os testemunhos, e oferece o verbo da verdade ou o silêncio, quando fores convocado e for-te oportuno, representando a dignidade do discípulo de Jesus, que responderá à Consciência Cósmica e não ao sufrágio dos homens.

A observância da lei divina nas tuas lutas tem relevância, sem que, por isso, tu te rebeles no mundo onde precisas estar, para superares a ti mesmo.

Se a iluminação do Evangelho não ultrapassar as portas da tua alma, teus critérios de correção e de justiça ainda estão e serão permeados pelo teu orgulho, que te paralisa, e poderás ser instrumento do mal, sem que te dês conta.

Põe em cheque sem hesitação cada pensamento e cada ato que desejas executar e passa-os sempre pelo crivo da razão, iluminada pela Doutrina Espírita, que te norteará a decidir e eleger o melhor caminho a ser tomado.

Não tenhas autopiedade. Não necessitas destes subterfúgios do ego. Desvela se tuas buscas de justiça são fruto de um ego vingativo ou estão realmente a favor e a serviço do bem e da verdade.

Olha a experiência humana como conjunto de lições a serem aprendidas e apreendidas e não foge das lutas, sob quaisquer excusas, alegando que o mundo te parece injusto. *Querias que não fosse?*

Se tens Jesus, o Legislador Divino em torno da caminhada humana, dá-te pressa em alijar o mal que te pode derribar da estrada que palmilhas, sempre mantendo o *código da montanha* como sublime roteiro com que vencerás os dolos, superarás as culpas e defraudarás a bandeira da virtude, por amor ao Mestre, onde fores convocado pela vida, para a sementeira do amor.

15. Litígios internalizados

Não consintas entulho mental algum permaneça nos painéis da tua mente, encharcando tua alma com chorume pestilento.

Identificados os pensamentos e os padrões correspondentes, dá-te pressa em eliminá-los por meio da oração, da meditação, da psicoterapia e do controle mental, buscando entender o que os alimenta, para desnutri-los até o seu fim.

Se percebes que estás travando discussões mentais imaginárias, como uma novela ou sonho acordado, em que te vês em pugilato, seja em palavras ou fisicamente, verificada a onda do desequilíbrio, para-a e visualiza imediatamente outras cenas, redirigindo a mente para quadros que te propiciem e ao teu próximo paz e equilíbrio. Não alimentes, nem te deixes contaminar por essa programação insidiosa.

Observa as palavras que diriges ao teu próximo, na tua tela mental, observando os sentimentos de que se revestem e que atiras sobre outrem. Do mesmo modo, analisa os que recebes no teu imaginário, aquilo que fantasias nesse pesadelo desperto. Estes últimos merecem análise, pois só saberias do que o teu próximo te xingaria, em palavrório chão, porque intimamente sentes o mesmo acerca de ti próprio e sabes muito bem aquilo que te ofenderia na boca do semelhante. Projetas no outro a ofensa autocrítica, sem que te dês conta. Analisa-a e aproveita-a, para te conheceres mais. Ela te pode beneficiar, se aproveitares esses breves momentos de insanidade a que ainda te permites.

Analisa o torvelinho confuso do litígio, do confronto em tua mente, aproveitando os conteúdos psicológicos, a fim de te compreenderes mais; entretando, evita alimentar o mal. Identifica o que pensas sobre ti mesmo, na boca alheia, passando a buscar entender o que gera tais autocríticas, os comportamentos correspondentes e dá-te pressa em recuperar-se.

Descarregas grandes somas de moléculas do estresse e de neuropeptídeos, diminuindo tuas resistências físicas, abrindo espaços para doenças de variada gama e difícil cura.

Promoves contraturas musculares e viscerais, favorecendo inflamações, dores de difícil controle e erradicação.

Geras e alimentas campos eletromagnéticos sutis com que te vinculas a outras mentes em desalinho, alimentando-as e vampirizando-as ou por elas sendo alimentado e vampirizado, conduzindo-te e a elas a estados lamentáveis de loucura, evitáveis.

Diante da arena mental, encontra o flanco por onde a paz se aninha, dissolve o confronto e aproveita para demolir suas estruturas em definitivo.

O mal não merece ser alimentado, em hipótese alguma e tudo quanto chegue a ti necessita ser transmutado pela caminhada do supremo bem e sua vitória. Deves ser capaz de interromper o fluxo desordenado do ódio, da mágoa, da ira, do ciúme e de todos os demais sentimentos que compareçam nos teus painéis mentais, atentando contra o teu equilíbrio, fomentando a pugna infeliz.

Muitos indivíduos permitem-se esses estados e comportamentos inditosos e indigitados, como se estivessem em treinamento para o confronto real, que estão programando, como em um ensaio, sem se darem conta de que já estão alvejando o semelhante e sendo por ele alvejados, ampliando os cipoais do ódio, com que se instalam doenças graves na alma e no soma, que lhe serve de instrumento e que acaba malbaratado e negligenciado, em estado suicida culposo por invigilância e por negligência.

Descem a escadaria rumo a paroxismos, quando não raro adentram a fieira do crime, causando acidentes hediondos na sociedade.

Considera que o teu estado de lucidez tem regime de urgência, porque te dispuseste a colaborar na mudança das paisagens humanas.

Não te faltarão convites para o desequilíbrio, para o desar, para que te alies à névoa pestilencial e ao morbo do desamor.

Conheces, no entanto, as diretrizes para uma vida saudável, para um comportamento que te integre aos campos luminosos e já te encontras habilitado a um outro gênero de combate: o da consciência.

Não adies por orgulho, por vaidade, o ensejo de ser do bem, seja em pensamentos, em sentimentos ou em gestos.

Inicia a reforma mental e detém as avalanches de insanidade e os camartelos dos reflexos condicionados, dos automatismos.

Assume, conscientemente, as "rédeas" e conduz o teu ego com o livre-arbítrio lúcido, permitindo que somente o melhor de ti transpareça.

Não se trata de ocultar as sombras íntimas. Trata-se de exercitar a vitória sobre ti mesmo e os atavismos multimilenários.

Assume perante a tua própria consciência as más opiniões, os maus sentimentos, por vezes inconfessáveis, porém assume-os e aceita que eles estão em ti, para que os transformes e para que te transformes.

O teu bem está no fato de te integrares ao bem.

A tua paz é a consequência natural do dever retamente cumprido e do amor que semeias em outras vidas.

Torna-te diretor de tua existência, corrigindo os atores, os personagens, reescrevendo roteiros, modificando cenários de tua paisagem mental e sustenta a harmonia nas tuas pegadas, para que o desfecho seja a tua paz.

16. Litígios

Diante da agressão ou do abandono, não percas tempo, apegando-te à situação ocorrida, qual se fosse um prêmio bizarro. Estiveste com teu irmão na caminhada ontem, hoje e certamente o reencontrarás, amanhã. De tua lucidez depende estejas em condições superiores, para que o socorro do teu amor o auxilie a recuperar-se, após a derrocada e a bancarrota moral. Tua tarefa é ser instrumento da compaixão, diante da qual todos nos recuperamos em Deus.

Os litígios estão na natureza humana como o resultado do entrechoque de estruturas de personalidades, onde ainda o predomínio do egoísmo e da infantilidade emocional respondem por muitas dificuldades e dissabores.

Em decorrência da baixa autoestima e da busca de aceitação, através de bons desempenhos em atividades, o indivíduo crê que logrará receber amor, quando bem-sucedido, negociando sucessos em troca de afeto, anelando autoaceitar-se mediante a aceitação do outro, gerando dependências lamentáveis.

Reunidos em sociedade, estes seres construídos a partir de egos frágeis caminharão, como é de se esperar, em rotas de colisão múltiplas, degladiando-se por desejarem atenção, crendo-se merecedores.

Compreensível que surjam inúmeros conflitos, pois os seres humanos ainda permitem teime e predomine o egoísmo e o orgulho em suas estruturas.

Mais que esperado ocorram dissabores, dissensões, antipatias, quando não inimizades no seio de uma mesma família, em um grupo social, seja entre amigos ou colegas de trabalho etc.

As diferenças existem, porque as conquistas de cada indivíduo são pessoais e decorrem do seu estágio evolutivo, intransferível, inalienável.

Contudo, face à estrutura egoica infantil, o orgulho e o egoísmo reagirão, exigindo que cada um se enquadre em suas métricas, cobrando e coagindo a que se permaneça em suas categorias de mensuração.

Assim, surgem os mais variados – alguns desastrosos – confrontos entre os seres, que parecem lutar pela primazia da opinião, quando se deveriam plenificar por serem felizes.

Avançam de questionamento e discordância para a dissensão, desta, para a querela. Desta, rumam para a agressão e o mútuo abandono.

Algumas vezes, as partes litigantes exigem de seus vizinhos escolham um lado da guerra em que se metem. O que desejam não é solucionar o problema. Desejam mostrar à parte contrária que esta está errada, a partir do número de adeptos e seguidores, ainda constrangendo a outrem que raramente deveria fazer parte do cenário.

Imprescindível amadurecer o campo de visão diante dessas possibilidades que te podem acometer durante a tua jornada.

Não estás livre de atravessar testemunhos árduos no que concerne à agressão e ao abandono dos entes queridos, entre outros. A tua consciência, porém, clarificada pela Doutrina Espírita, ensina-te como deves proceder.

Contender em nada solucionará os desafios que te buscam. Conflitar gerará mais embaraços no teu caminho. Debater muitas vezes é apenas exercício de hipertrofia da vaidade.

É necessário avalies com cautela se, diante da palavra ácida do teu semelhante, o silêncio e a prece não serão recursos mais adequados e, se diante do esbordoar da tua face, melhor não será o teu recuo corajoso, a fim de não multiplicares por tua vez a hediondez e o crime.

Nada ocorre ao acaso. Quem hoje te agride ou abandona te encontrou no caminho por um motivo engendrado pela vida, que é Deus manifesto.

Importantes circunstâncias do pretérito agendaram o reecontro presente. Se este não pode ser como esperavas e se tens a consciência pacificada porque fizeste o melhor, por que te deixarás aprisionar pela frustração e pela tristeza?

É imperioso reconhecer que o tempo, sempre o tempo, será o melhor educador de cada um de nós.

Deus não é como o educador humano, susceptível à queixa do infante que acusa o colega de classe, desejoso de vindita. Ele é Pai amoroso, que não deseja outra coisa que não seja a conciliação e o entendimento das partes, para realização de Sua Obra.

Avalia, portanto, os teus pensamentos, os teus sentimentos, as tuas percepções, quando convocado a testemunhar, seja pela agressão recebida, seja pelo abandono, de quaisquer tipos ou matizes.

Foste convocado ao resgate, porque rogaste oportunidade de reparação das faltas cometidas em existências transatas. Escolheste amar os a quem furtaste a paz no passado, que te não perdoaram ainda, nem confiaram em ti.

Escolheste acolher os filhos deixados para trás, os cônjuges traídos e abandonados, as vítimas dos crimes pretéritos e é natural que desconfiem de teus reais anelos de céu.

Eles te conheceram nos dias tristes de ignorância, nas noites gélidas do orgulho e são compreensíveis suas reações.

Ainda que doa em teu íntimo, saiba que é o que eles te podem oferecer neste instante de suas vidas, não lhes devendo exigir o amor e o entendimento, o perdão que ainda não têm condições de oferecer.

Ama-os ainda mais, ainda que incompreendido pelos demais, que fiscalizam e cobram-te atitudes *justas e másculas*, como as entendem, compreendendo que *deves amar até doer*, se necessário oferecendo teu sacrifício, a fim de que mais rápido todos se recuperem dos enganos e desencontros do passado.

Ontem erraram e errastes. Hoje, ainda erram e teu dever é te manteres em paz, em resistência pacífica e amorosa. Amanhã, todos felicitar-se-ão pelo progresso alcançado.

O amor tem um único caminho a percorrer, embora muitas sejam as estradas.

Age junto dele, com ele e por ele, certo de que o amanhã de luzes chegará a todos, sem exceção, porque nisso estão a Lei e os profetas, como acentuou Jesus.

17. Nos horizontes da fala

Comentar os fatos ocorridos em sociedade ou na vida privada daqueles que nos cercam é hábito impossível de ser extirpado. A ninguém é defeso – nem deveria ser – observar fatos, circunstâncias e atos que promovam reflexões, que provoquem estranheza, emoções aversivas que fomentem avaliações que conduzirão à melhoria das condições de vida dos indivíduos ou se converterão em palavrório.

Importa, contudo, retomar algumas reflexões em face do uso desse instrumento. Como qualquer um dos instrumentos, deve-se ter claramente a noção de que ele está em a natureza por carregar em si finalidades superiores, ou estaríamos afirmando que a creação divina pode, em si mesma, promover algo de inútil.

Se a creação nada faz de inútil, não podemos considerar que o mau uso dos instrumentos a nós confiados mereça menores bases de responsabilidade e de cuidado.

A fala é poderoso meio de comunicação. Carreia em si mesma a possibilidade de informar, formar, esclarecer, iluminar, advertir, estimular e consolar. Mal utilizada, deforma, vicia, deseduca, aliena, ensombrece, denigre, avilta, rebaixa, calunia, difama, movimentando níveis plúmbeos nos céus das almas, criando embaraços e alimentando o crime.

Devemos ter o patrimônio das palavras como quem já adentrou no sublime domínio da linguagem dos símbolos e recebe, do processo evolutivo, patrimônio de bênçãos inestimáveis, que devem ser movimentadas a favor da vida e do bem maior.

Manifesta-se no sensório humano, na Terra, através de aparelhagem neuromuscular própria, que sofre o impacto da primeira infância, revelando as fixações orais insatisfeitas, que geram a gula e a compulsão por falar, entre outras, ou as orais resistentes, que fazem o indivíduo negar as suas carências, nutrindo-se de rancor infantil, como um estranho troféu, adoecendo.

A fala necessita de amor e de disciplina, assim como inúmeros outros setores da fisiologia humana, onde o espírito imortal encontra recursos para experenciar, aprender e evoluir.

Diante da oportunidade de falar, cala-te por instantes...

Faz uma reflexão profunda e indaga se desejas falar porque realmente sentes e logicas que será bom e útil para quem ouve, autêntico e oportuno.

Pensa nas consequências do que queres comunicar e se teu silêncio não será mais enobrecedor que tua fome de verdade. Isso será atitude madura e consentânea com a fé que elegeste e abraçaste.

Repara se não desejas comunicar indiretamente "pequenos venenos", que arrasam vidas, enquanto te colocas a serviço do bem, a fim de que não te tornes fermento do mal, onde a vida te posicionou.

Sê severo contigo. Ainda que te sintas injustiçado, abandonado, rejeitado, não tens o direito de ferir, ainda que apresentes razões para teus sentimentos menos felizes. Busca vencer a baixa autoestima que te põe na reta da ofensa ou do esquecimento alheio e alegra-te por não seres tu o agressor, o instrumento do erro ou do mal.

Fala, quando necessário, bom, verdadeiro, útil, sem destruir com a verdade.

Cala-te e ora, quando contrário.

Diante de ti, há muitos que falam e nada dizem ou comunicam. Falam do impróprio, tagarelam, para que o silêncio não lhes faça escutar a voz da consciência.

Diante de ti, há outros que se justificam por te haverem desconsiderado, abandonado. Eles já carregam o remorso e não necessitam do teu fel, do teu azedume, e tampouco tu mesmo.

Diante de ti, há aqueles que te desejam usar, a fim de obter esta ou aquela vantagem transitória. Resgata as tuas dívidas do passado, os espólios do pretérito, sê feliz pela tua lucidez, porém, nada digas. Eles já sabem quem são.

Observa que tuas conquistas dilatam tua visão e já não deves lutar com as mesmas armas dos que desconhecem a Jesus e às leis que governam o cosmo.

Edifica a não violência em fala e em silêncio, oferecendo sempre o teu melhor.

O amor sempre será a melhor escolha, nos domínios da educação das almas.

Sê responsável com a tua fala e Deus fará todo o resto.

18. O revide

Diante dos golpes com que a vida te esbordoe a face, recorda do Mestre nos dias de testemunho no sinédrio e não Lhe olvides a lição suprema.

Nem anátema, nem revide algum.

Apenas o silêncio corajoso e a indagação: "– Por que me bates, se falo a verdade? Por que me bates?".

Deixa o agressor com as mãos ardidas pelo golpe da insensatez, porém não tisne a tua alma com os miasmas da raiva.

Decerto, não te será impedido chorar, tampouco sentires a descarga orgânica, já que vinculado à enfibratura corporal, adaptada ao longo dos milênios para o instinto do ataque e da fuga.

Certamente, o adversário apresentará razões para o ataque, demonstrando em si próprio o ácido do ódio que o move, quando não for igualmente vítima das tenazes espirituais, que lhe vem testar o equilíbrio. Quando não refira ter suas razões – não o direito – de te afligir, buscando justificar o surto a que se entrega, pelo recuo da razão e o desbordamento dos instintos asselvajados, será igualmente vítima de forças tirânicas e indigitadas, que buscam comprometer o bem, por meio da propagação da impulsividade e do desforço.

São os nossos credores, em ambas as esferas da vida única, que avaliam nossas reais conquistas e superações.

Não te deixes arrastar.

Quaisquer argumentos deixam de ser necessários, quando já identificas no teu irmão a intenção de fomentar a guerra.

Silencia, compassivo, sem pieguice e ergue a alma ao Crucificado, recordando o Seu testemunho como único apto a parar, em definitivo, o mal.

O trânsfuga da lei sabe que o é. Não precisas apontá-lo, para que ele reconheça o que conseguiu ser até o presente momento, que já o aturde e o infelicita.

O que te fizer, não deve te abater, nem mesmo impedir a tua caminhada, que deve e merece permanecer serena, firme e decidida, ainda que os cardos e os pedregulhos do caminho sangrem teus pés e tua fronte.

Tua consciência deve estar de tal modo identificada com Jesus, que, buscando-O dentro de ti, saberás enfrentar com o silêncio ou com a palavra sã, isto é, aquela que sempre edifica sem ferir, reconhecendo o momento oportuno para conduzi-la ao teu semelhante.

Não consintas que o mal desperte em ti as sombras do pretérito de que te libertas com esforços contínuos e perseverantes. Não permitas que a insanidade ao teu derredor promova um surto de rememorações danosas do passado, vitalizando etapas superadas e as revivendo.

Integrado ao bem e anelando o encontro com a paz profunda e inatingível do Cristo, não te deixes tombar nas armadilhas da estrada, permanecendo vigilante, atento aos testes contínuos, ainda que te sintas cansado, por vezes.

Dia virá em que a inofendibilidade te brindará a existência e, integrado em caráter definitivo ao amor cósmico, serás codoador do infinito amor que soergue, ampara, recapitula lições e acompanha sempre.

Esta é a hora do testemunho, porque escolheste te libertar do mal, realizar e promover o bem e suportar os acúleos que acompanham as flores da paz e da consciência limpa.

Não desdenhes resgatar, com gratidão de compaixão por aqueles que ignoram os teus propósitos, que não percebem ou não desejam perceber as tuas intenções nobres do presente, que deturpam o que dizes e o que fazes.

Cada um recebe da vida através do prisma que logrou construir, através das próprias experiências e lutas.

Sejas tu o exemplo, dedicado e fiel, e não te firas, não te agastes, protegido sempre pela presença de Jesus, que te conhece as intenções profundas e reais.

O tempo que despendes advogando em favor de ti é tempo perdido, que poderias utilizar socorrendo outros necessitados.

Advertir quem é surdo é como atirar pérolas aos porcos, que não lhe reconhecerão o valor nem a beleza.

Ampara aquele que te busca, sinceramente, e oferece o verbo do Evangelho de maneira precisa e amorosa, buscando viver o ensinamento que exponhas ao teu semelhante, a fim de que não sejas instrumento oco em ti mesmo.

Acima de todas as cogitações humanas e acontecimentos, permanece fiel ao mandato de que te sentes investido e prossegue firme, na direção da porta estreita, onde Jesus te espera.

19. Palavras

Para que a palavra seja sã, o pensamento necessita igualmente ser sadio.

Para que o verbo seja irrepreensível, imprescindível que nossa conduta seja pautada na correção moral.

O pensamento e a ética atravessam inúmeros questionamentos e contestações, inevitáveis.

Têm sido o pensamento e a ética alvo de filósofos e filólogos, que buscam extrair de seus signos linguísticos a verdade por que tanto anelam.

Mister se faz entendermos aquilo que fornecemos como significado destas reflexões...

O pensamento é o reflexo do espírito, ao mesmo tempo que é sua manifestação, da luz a forma, com que pretende construir e moldar ao redor de si a sua realidade, na qual vive e viverá submerso, irradiando um campo de ondas, que se comunicam com o mundo externo.

A ética é o consentimento da própria consciência, a congruência com esta em pensamentos, sentimentos e atos, uma vez que na consciência, como se lê na questão de número 621 de *O Livro dos Espíritos*, de Allan Kardec, estão grafadas as leis de Deus. Nela se fundem nossos pensamentos, nossos sentimentos e nossos atos, a partir dos quais manifestamos em nós a ordem implícita do Cosmos.

Consideramos, portanto, sejam ambas portadoras de inestimáveis valores, embora a humanidade tenha relegado seus significados espirituais, seus ascendentes profundos e as rebaixado a conta de repositórios de inúmeras enfermidades da alma, bem como a coerência astuta com seus sofismas, buscando sufocar as ricas e pulcras nascentes da verdade em Cristo Jesus.

Isto faria Blaise Pascal afirmar que a verdadeira moral zomba da moral. De ordem implícita, insculpida na consciência, a sociedade humana tornou a moral uma utopia ética ou um código social com que pretende controlar o comportamento de uma geração.

O adversário, neste caso, do progresso, mora na intimidade de nosso ego. O próximo mais não é que um reflexo projetivo de nossa experiência, na estrada desafiadora da evolução.

Convidados ao pensamento e à fala, em muitos setores da vida comum, o conselho evangélico reveste-se de sabedoria e de profundidade psicológica sempre atuais.

Na azáfama do dia, o discípulo sincero de Jesus deve meditar sempre que convidado a falar, a fim de que sua palavra edifique com proveito.

A palavra deverá refletir a sanidade que o discípulo busca na reforma moral de cada dia, assim como a autoridade de que se reveste requer necessariamente ser a de quem encontra no Cristo seu único modelo.

Se o interlocutor fala do que não sente, daquilo que não vive em seu mundo íntimo, não poderá envergonhar as sombras, que teimam em falar o mal, agir no mal, investindo contra as suas atitudes incipientes no bem.

A peste emocional ou o mal só reconhecem uma autoridade: a que nasce na alma purificada pelo dever bem cumprido e que se irradia como uma estrela, esbatendo as sombrias presenças da noite.

É imprescindível que o discípulo, candidato ao apostolado, aceite a disciplina, como o Evangelho recomenda e requer.

Convidado a falar, deve ele ter muito claro em seu íntimo de que é depositário de sagrado mandato, em nome de Jesus e que, se Ele o permite falar em Seu nome, seu falar deve ser são e irrepreensível, a fim de que não somente diga algo, mas deite raízes mais profundas na edificação de um mundo melhor.

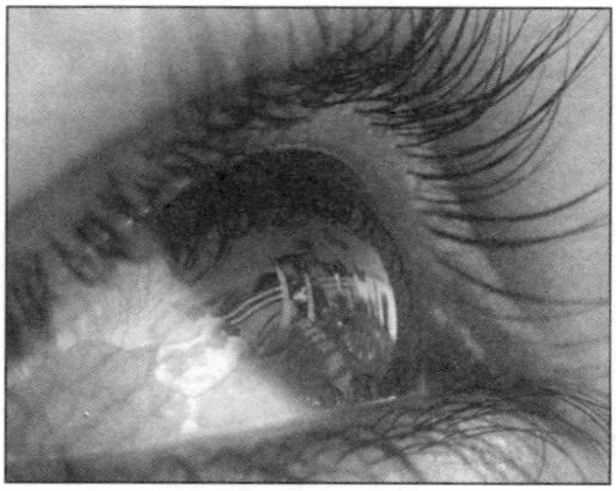

20. Ponto de vista

A visão imediatista do ser humano, ainda preso à ilusão de finitude da vida, responde pela hipertrofia do egoísmo e suas consequências funestas.

Agrilhoado à aparência da concretude da matéria, que são campos eletromagnéticos "congelados", aferra-se à efemeridade de tudo, justificando atitudes que passam a constituir atos naturais e respostas consentâneas com o instinto de preservação, evocado e defendido.

Não é de se estranhar a colheita de insucessos e tristezas, quando se deseja engodar a vida e seus mecanismos.

Espírito imortal e herdeiro de suas escolhas e decisões, o homem caminha desde antes do berço e muito além da disjunção molecular pelo fenômenos da morte, carregando consigo aquilo que se tornou, por somatória das boas e das más condutas, sendo promovido pela desencarnação a ser mais consciente de seu próprio estado, sem poder ocultar, por um átimo que seja, o seu estado ditoso ou deplorável. Nada aquém ou além disso.

Logrando penetrar os arcanos da imortalidade e porque passa a gozar de mais amplos recursos com que possa enfrentar os desafios, atinge compreensão de cada fenômeno que o atinge e equipa-se de elementos e valores com que possa compreender outros que o encontrarão na jornada.

Face a esta oportunidade que o conhecimento da própria imortalidade veicula em sua estrada, passa a identificar nos motivos utilizados pelo egoísmo para se justificar uma estrutura egoica infantil, que supera mediante uma autoanálise rigorosa e o exercício incessante da disciplina, modificando comportamentos, reforçando contingências, recondicionando automatismos, entretanto, penetrando novos e mais auspiciosos significados sobre si próprio e sobre a vida, ensejando novas e rutilantes estradas de autolibertação pelo amor.

Considera os inimigos de outrora os futuros amigos, que o amor, a paciência e o serviço converterão, em futuro não tão distante.

Considera os ataques dos adversários como apontamentos da divindade, para teu aperfeiçoamento, para conquistares bases próprias e melhores no teu caráter.

Considera os abandonos oportunidades de entrar em contato consigo mesmo, a fim de encontrar em si aquilo que buscas projetivamente na alma alheia.

Considera todos os males bens incompreendidos e que podes entender, etapas de aprendizado e, sem masoquismo, busca compreender cada lição que lhe escorra dos olhos, tendo nas lágrimas sem revolta aquelas que te clareiam as lentes da percepção.

Considera a inveja alheia o último recurso de um ego infantil que se sente incompetente e auxilia-o, sempre que possível, a soerguer-se da baixa autoestima devastadora.

Considera a covardia a única resposta possível daqueles que temem a falta de garantias e de proteção – pela mudança que dizem desejar –, por não haverem superado a crença hesitante pela confiança irrestrita.

Considera o despeito acesso de loucura passageira, rebaixando outrem sob a perda da razão, mantendo-te sereno diante dos ataques que são acolchoados na ternura e no silêncio.

Considera a maledicência como doença grave dos seres, que ainda acreditam ser necessário alimentarem-se de opiniões levianamente tomadas, por não sentirem na própria existência qualquer motivo legítimo e profícuo de atenção.

Considera as discriminações e os preconceitos como resultado do incômodo gerado pelas diferenças, sentindo-te instrumento para mover o ego coletivo de sua inércia, ao passo que aprendes o valor da inclusão social respeitosa e do amor incondicional.

Cada experiência vivida com azedume, quando olhada pelo prisma da imortalidade, transcende-se e transubstancia-se em radiante obséquio para aquele que entende e conhece a jornada infinita como simples fato natural e as imperfeições humanas como decorrência do aprendizado.

Considerando tais reflexões, afirmamos sem bruxuleios que a Doutrina Espírita, codificada por Allan Kardec, não somente trouxe ao mundo a confirmação da vida espiritual e a realidade das comunicações com o mundo invisível. A Doutrina Espírita trouxe as bases de uma nova psicologia e de uma pedagogia profundas, onde o amor e a compaixão, a compreensão, a serenidade e o perdão passam a ter regime de urgência em nossas vidas.

O ponto de vista sob o qual se coloca o homem determina suas inseguranças ou suas certezas e interfere decisivamente em seu livre-arbítrio, prisioneiro daquilo que percebe e de como percebe, sente e concebe.

Com a imortalidade conhecida, sentida, percebida e vivida, pode o homem parar de aguardar a morte para viver a vida eterna, passando a vivê-la conscientemente desde já.

21. Prazer e prazeres

A fome de prazeres que te assedia e te consome provém de comportamentos transatos. Os desequilíbrios e os descalabros a que te permitiste em existências passadas corromperam as fibras sutis do perispírito, criando matrizes ou focos auto-obsessivos, face aos complexos de culpa que ressumam e agora retornam como ecos eletromagnéticos em forma de pulsões desequilibradas.

Avalia os teus desejos, aqueles que atravessam o teu ser, e deparar-te-ás com o ontem inditoso convidando-te à renovação de atitudes, mediante redecisões e esforços ingentes.

Busca a ajuda responsável, sempre que sentires a necessidade de auxílio, aceitando a realidade na qual te movimentas, porém não permitas que a autoaceitação converta-se em conivência ou anuência com o desequilíbrio.

As doutrinas psicológicas afirmam que é importante cada ser apresentar-se ao mundo com autenticidade, honestidade e sinceridade, revelando e assumindo-se tal como é, sem se atenazar pela culpa lastimável, sem os comprometimentos dela decorrentes.

Concordamos com a assertiva, salientando-se, contudo, que a psicologia que não se dispõe a educar, ao invés de libertar encarcera o indivíduo e a sociedade em desequilíbrios soezes e de portes alarmantes.

Há terapeutas que transbordam seus desequilíbrios nas abordagens de que se utilizam, ao invés de libertarem-se de seus conflitos e gerando outros mais graves.

É nesse sentido que afirmamos categoricamente que o Evangelho tem regime de urgência.

Jesus é o psicoterapeuta excelente, guia e modelo perfeito que Deus ofereceu à Terra, para lhe servir de diretriz.

Diante da mulher adúltera, utilizou-se do raciocínio sem julgamento prévio ou interpretações, como também visto em Sócrates em sua Maiêutica e mais adiante, entre os séculos XVIII e XX, nas correntes existencialistas, oferecendo à consciência coletiva o clamor das possibilidades mais próprias e a responsabilidade dos atos.

Após a tomada de consciência de cada indivíduo que se encontrava em pecado, afirmava: "– Agora, vai-te e não peques mais", reforçando positivamente o comportamento adequado e suas contingências, fornecendo diretriz cognitiva consentânea com a paz anelada.

Quando inquirido pelos fariseus hipócritas e pelos escribas orgulhosos, seus comparsas, psicanalizou-os todos, observando o mecanismo de denegação e de racionalização do ego destes, desmascarando-os mesmo assim, utilizando-se do acesso linguístico às nascentes emocionais, promovendo o enfrentamento do ego dominador.

Diante da pregação e das dores humanas, mergulhava e utilizava-se dos arquétipos que identificava mais evidentes e presentes nos indivíduos que o buscavam, como excelente psicólogo analítico junguiano, muito antes deste devassar a alma humana em suas teorias respeitáveis.

A cada um forneceu o melhor, escolhendo a abordagem que o desafio requisitava, proporcionando autoaceitação, sem autoconivência ou autoanuência, lucidez sem tormento da culpa, mecanismos de reparação e redefinição corajosa de rumos.

E com a ressurreição, inaugurou a psicologia transpessoal na Terra, ensejando a cidadania espiritual para a humanidade inteira.

Conheces a Jesus. Ele também te conhece.

Palmilhas a compreensão de suas assertivas e exortações, agora clarificadas ainda mais pela revelação espírita, que tornam atuais as parábolas e Sua vida exemplar em todos os aspectos e sempre psicopedagógica.

Aproveita a oportunidade de reler, no livro de tua alma, os temas-tendências inatas, os teus desejos e coloca-te na estrada de regresso ao equilíbrio, de onde não te deverias jamais haver evadido, de maneira responsável.

Observa o tesouro vivo em tuas mãos postas e aceita a dieta, ainda que momentaneamente dolorosa, dos prazeres horizontais que te gravitam, impedindo e adiando a verticalidade do teu ser.

Sublima por meio do trabalho e do serviço edificante, considerando que há muitos necessitados que carecem de teu concurso, ao passo que te descargam os fluidos, sem que te entregue a condutas venais, a soldo do desequilíbrio.

Dá-te a chance de seres pleno, preferindo a sede ao arrependimento, que sempre chega, porém tardiamente.

A noite da tua alma merece ser vencida pelo clarão solar. Enquanto isso não se dá, aceita a lua na tua noite, esperança do sol adiante, e não te canses de prosseguir, resoluto, na estrada em direção ao horizonte promissor do amanhecer.

Paulo, o intimorato batalhador do Evangelho nascente, afirmava que era bem-aventurado aquele que sofre a tentação, possuindo ele também um espinho fincado à carne, para que se não vangloriasse com a excelência das revelações.

Medita nisso e agradece hoje poderes ser tentado. Aproveita cada experiência, a fim de robustecer a alma, apreendendo as lições, para que igualmente auxilies a teu turno os que te buscarem, vencidos e cansados pelas más experiências e pelos sofrimentos destas decorrentes.

Se caíste, reergue-te de imediato e faz um inventário de ti mesmo, avaliando onde, quando e como te deixaste enganar por ti mesmo e recomeça já a luta.

Só não cai aquele que jamais saiu do seu lugar de inércia. Tema apenas ficar parado.

Acima de tudo, focaliza tenazmente tua alma no amor. Lembra-te de que por muito amar, uma antiga vendedora de ilusões, iludida e ludibriada, autotranscendeu-se, tornando-se símbolo da maior conversão de que o Evangelho deu notícia, e segue com Jesus, rumo à plenitude.

22. Proselitismo e salvação

Tens mergulhado, diariamente, nas fontes luminosas da Doutrina Espírita. Tens percebido, desde então, novos matizes de cores no jardim da vida e haurido compreensão mais profunda dos enigmas da existência, que a todos atinge, neles entrevendo as lições que apreendes e os conteúdos profundos deles decorrentes. Mais que natural e previsível que desejes estender as bênçãos do conhecimento espírita àqueles que te cercam, acreditando que o que te fez melhor e te faz bem, a cada dia mais e mais, será igualmente benéfico na vida daqueles entre os quais foste chamado a viver.

Isso, contudo, é um engano.

Cada criatura estagia em faixa específica de aprendizados interiores, consoante as conquistas já efetuadas.

Cada indivíduo, face a sua organização psicológica, apresenta filtros em suas percepções, extraindo da realidade o que sintonize com os padrões de evolução específica.

O mesmo ocorre contigo.

Encontraste a Doutrina Espírita, porque estavas cansado de outras propostas dogmáticas, que sintonizavam com estruturas de pensamento que se não coadunavam contigo e mobilizavam velhas mazelas, das quais te libertas, a pouco e pouco.

Vislumbraste o alívio de tuas dores, aquelas geradas pelo mau emprego do livre-arbítrio e que se tornaram expiações e provas, que hoje aceitas sem revolta, compreendendo e aproveitando cada instante e cada ensino que desperta mais teus níveis profundos de consciência.

Nos guias espirituais reconheces educadores hábeis e fiéis, que te não pouparão dos exercícios imprescindíveis ao teu aperfeiçoamento moral e espiritual, sempre anelando pela tua conquista interior, única de sabor eterno.

Reconheces as falhas que ainda te acicatam a existência, reflexos do pretérito de ignorância e de maldade, aceitando-te tal como és, porém avançando além e superando a autopiedade, a autoconivência lançando-te à psicoterapia profunda do Evangelho, com que te ergas na direção da vitória definitiva.

Percebes, agora, que os chamados são realmente muitos...

No caminho sucessivo das reencarnações, muitos avisos, admoestações, advertências foram-te enviados, para que pudesses encontrar em ti a vontade para a transformação.

Enquanto não te exauriste do próprio orgulho e do egoísmo e colheste a sementeira dos erros, nas lutas do presente as palavras do Nazareno te pareciam piegas ou sem maior importância.

O que hoje reconheces como certo e lógico, ontem era para ti língua estrangeira, que não te dispunhas a aprender.

Semelhante ocorre com teu próximo, hoje. Ontem, tu. Hoje, ele. E o que verás em ti e de ti mesmo, no suceder dos milênios?

Não force o teu semelhante, a fim de que ele não se torne refratário às tuas propostas. Não insistas nas reformas morais que tu também necessitas e que percebes que te fazem bem. O teu equilíbrio e a tua paz interior devem te bastar, para que, mediante o teu exemplo de conquista interior, possas exemplificar à sociedade que o caminho elegido te fez melhor ser humano.

Quanto aos entes queridos, deixa-os decidirem por si mesmos.

Há várias estradas que conduzem o herói-self ao cume da montanha-plenitude e cada ser é capaz de encontrar a estrada que melhor lhe pareça.

Por que te perderes, na preocupação dispensável, na disputa verbal indébita, nas angústias do porvir, se já estás à saciedade informado e equipado das notícias do mundo maior e sabes que todos atingiremos o fanal da consciência cristificada.

Não te deixes agastar, nem te amofines ou te permitas ferir pelas preocupações acerca das escolhas alheias. Quem garantirá que tu mesmo não mudará de rota, algum dia?

O caminho correto é aquele que te torna melhor, a cada dia, fornecendo elementos com os quais possas praticar o bem e viver a caridade, sem acepção de rótulos.

O Espiritismo é o futuro das religiões, como afirmam as entidades venerandas, a medida que os seres humanos vão penetrando nos intricados mecanismos da vida e vão se despindo dos envoltórios de outras crenças, respeitáveis embora, reconhecendo a simplicidade e a singeleza da vida no "Amai-vos uns aos outros".

Enquanto isso não se dê, são comuns as adesões parciais a quaisquer crenças, cheias de enxertos, fugas e atalhos, até o momento do despertar.

Não julgues a quem quer que seja. Indaga a ti próprio como podes amar mais, silenciar mais, exemplificar mais.

A tua conduta deve falar a outrem, e se ele não for capaz de ouvir, o problema não te pertence. O teu desafio é vencer a ti mesmo.

Nossa conduta, nossos pensamentos, nossos sentimentos serão sempre avaliados entre nós e Deus.

Segue, pois, em paz e realiza quanto e como possas, confiante de que todos os espíritos, nas mais diversas faixas da evolução, somos todos susceptíveis de encontrarmos o caminho da plenitude. Se tal não ocorreu, é porque não foi firme a vontade, ainda não havendo sido reconhecido o imperativo de melhoria íntima. Enquanto houver certo conforto, ainda que possa-se perceber os perigos em que incorrem, muitos permanecem na inércia.

Permanece sereno, mesmo assim, sem te turbares face ao amor que endereças às creaturas.

Com Cristo, situa-te no teu equilíbrio, oferecendo a todos o teu melhor. A Lei incumbir-se-á do resto.

23. Reclamações

Reclamações são sempre mecanismos paralisantes do ser. O indivíduo queixoso e querelante é um doente, a caminho de quadros lamentáveis, com imensa capacidade de estender o contágio morbífico de sua infelicidade aos semelhantes, que lhe sofrem a influência perniciosa.

Mira y López, psiquiatra de relevo para a humanidade, assinala que o ser humano é o único ser vivo que conseguiu, ao lado da ápice da evolução biológica na Terra, ser capaz de manipular a matéria de seus sofrimentos e estender a sua desventura aos semelhantes.

O indivíduo queixoso a tudo e a todos enxerga pelo prisma de seu estado lamentável e, lentes lodacentas de má vontade, tem o vezo de fiscalizar a vida, os indivíduos, as atitudes, estabelecendo em si a métrica com que pretende acusar a todos.

Note-se que pretende acusar tão somente. O queixoso, tanto quanto o querelante, não guardam por objetivo sugerir nem cooperar no sentido de melhorar os serviços alheios. Paralisado, deseja paralisar. Invejoso e incapaz de ver em si possibilidades de sucesso, despeitado torna-se, atacando o esforço alheio com o ácido da crítica. Nenhum esforço é envidado, no sentido de promover o bem.

Fosse a sua atitude proativa, autêntica e diminuiria a fala e a crítica mordaz, colocando-se a disposição do progresso, engajado no bem próprio como coletivo.

A ninguém é defeso perceber o mal na sua existência e nas vidas que o rodeiam, já que, para modificarmos estruturas, sejam quais sejam, o passo essencial é as enxergarmos.

A reclamação, a queixa e a querela são, contudo, mecanismos infantis e paralisantes, que apontam para que o outro solucione os problemas que o ser não se dispõe a solucionar. A infantilidade dá as mãos à indolência e o orgulho, por fim, agride, por meio da crítica destrutiva e embaraçosa.

O queixoso é um autopiedoso crônico, que deseja atenção para si; são os *gênios mal compreendidos*, os *reis sem súditos*, porque o que desejam é antes ovação indébita que solução eficaz, que os retiraria da posição de coitados e incompreendidos e os convocaria ao serviço incessante.

Jesus conviveu com muitos indivíduos portadores dessas graves patologias da alma, entre muitas outras, déspotas e hipócritas que sempre Lhe procuravam a divina presença, com a intenção de O perder, mediante sofismas bem engendrados, que Ele sempre respondeu com eloquência.

Foge à crítica sistemática a tudo e a todos. Não perde tempo precioso, colecionando queixas, armazenando mágoas, relacionando erros.

A pergunta fundamental que te deves fazer é se podes com algo contribuir para a edificação comum, que não seja melhor que a tua oração e o teu silêncio, sempre que fores convidado pela vida a tomar uma atitude.

És servidor das esferas superiores, onde o bem te foi ensinado e a tua recuperação, na direção do Cristo, guarda regime de urgência.

Vence a viciação mental de reclamar, como se desejasses chamar a atenção sobre a tua capacidade de ver os erros. Em vendo o erro, corrige-o, se puderes, ou colabora com aquele que solicitar teu concurso, sem te imiscuíres na vida alheia. Se nada te for possível fazer, afasta-te e ora.

Se a reclamação, a queixa e a querela algo solucionassem, a creatura humana já se teria cristificado. Se tal não ocorreu, mais uma razão para se alijarem tais comportamentos desnecessários.

O cristão, onde esteja, domiciliado no entedimento do Evangelho, é convidado a dar sempre o melhor de si mesmo, a melhor demonstração da fé que abraça, arroteando o solo e semeando com o esforço diário, sem cogitar de resultados imediatos, que pertencem ao Doador da Vida.

Reflete nisso e não te demores, nem deixes alguém demorar-se ao teu lado. Busca o melhor ângulo, melhor ponto e valoriza-o, vitaliza-o. Sempre é possível encontrar um sorriso luminoso, ainda que em uma experiência menos agradável. O bem sempre está nos olhos de quem vê. Enxerga, pois, adequadamente. Sê e torna a outrem felizes.

24. Testemunho

Não te espantes quando o cerco do mal te buscar, para manchar a tua paz com as tintas do sofrimento, a tua paz que deve ser a do Cristo.

O trabalho é imenso e a gleba espera teus esforços, com lágrimas ainda, suor e sangue, diários, face aos débitos transatos, mas o solo precisa ser arroteado, para o adubar e ensementar com a esperança dos dias anunciados por Jesus e para os quais foste convidado e convocado como Seu colaborador.

À frente o serviço, adiante a felicidade. Atrás, porém...

Dívidas escabrosas;

Inimigos a quem feriste e que te não perdoaram;

Adversários a quem sobrepujaste, nos campeonatos da insensatez, que desejam vindita;

Antigas vítimas do despotismo e da dureza, que não creem na tua mudança.

Testemunhas desencarnadas, entretanto, não somente observadoras, atentam contra teu equilíbrio e teus esforços incipientes, movimentando e mobilizando a invigilância de outros companheiros de jornada, menos aquinhoados de conhecimentos, como menos conscientes das próprias responsabilidade e capacidades, transformando relacionamentos e situações em armadilhas vivas.

Ciladas, bem urdidas com astúcia, são armadas, para que tombes, denegrindo a fé a que te vinculas, nas consciências que não sabem separar a doutrina de seus adeptos, erguidas a soldo de interesses subalternos.

Bem é verdade que não és santo e infalível, podendo naturalmente tropeçar, até mesmo cair, cabendo-te a responsabilidade de te ergueres de imediato, tomada a consciência do erro.

Tu, porém, és trabalhador de Jesus, cabendo zelar pelo trabalho do Evangelho confiado às tuas mãos.

Mantém a torre da vigilância altaneira e firme, avaliando cada situação e cada desafio sob o crivo de ensinado a ti por Nosso Senhor Jesus Cristo.

Não aceita convites que te desviem do dever a cumprir, nem cede às tentações, por mais inocentes se te pareçam, porque a tua presença, para seres carta viva do Evangelho, reclama a tua vida em sacrifício, para que amanhã possas sorrir junto àqueles que se encontram lutando por ti e contigo, nas esferas invisíveis ao vulgo.

Amplia a percepção da tua realidade, redobra esforços, não foge da luta renovadora, sempre exercitando as virtudes, que se te vão instalando como hábitos saudáveis e imunizando-te contra todo o mal.

Servir a Jesus, através de quaisquer atividades que a Doutrina Espírita promove e faculta, é tarefa importante e de cuja responsabilidade te deves desimcumbir sempre, com alegria sem jactância e perseverança incansável.

Se médium, intérprete dos espíritos e algumas vezes *leito* onde estes podem ser socorridos pelos benfeitores espirituais, considera a relevância da tarefa, não pela celebrização que aturde e fascina a muitos, para os derrotar logo após, mas pelas possibilidades de, atestando a legitimidade da vida que vence a morte, renovar os seres, convidando-os a refletir acerca do que tem realizado na própria estrada, face à mudança paradigmática.

Dotado de antenas transceptoras, a mediunidade é oportunidade valiosa de resgatar antigos débitos, superar provas e um dia tornar a luta renovadora – karma – na missão ou propósito – dharma – a que todos estamos destinados.

Adiar o ensejo de ser feliz é aumentar as distâncias entre Jesus e nós, embora sermos tarefeiros não nos ponha em qualquer regime de exceção quanto às provas e expiações imprescindíveis.

Mediunidade não constitui privilégio.

25. Tormentos sexuais

Toda adicção é caracterizada pela incapacidade, parcial ou quase completa, de controlar os impulsos e a compulsividade, atolando os indivíduos – e não raro suas famílias e afetos próximos – em processos autodestrutivos graves, dos quais se libertam raríssimos, sem o contributo de expiações dolorosas.

Segundo Aaron Beck, entre outros estudiosos da psique humana, o responsável pela adicção é o centro cerebral de recompensa, região ou lócus cerebral onde a dopamina, a adrenalina e a noradrenalina desempenham papel preponderante, no mecanismo bioquímico do prazer, gerador de bem-estar, embora efêmero e fugaz, contudo armazenado como memória e, por isso mesmo, estruturador da dependência química e comportamental.

Quase sempre, porém, a viciação vem acompanhada de distúrbios psiquiátricos perceptíveis, sejam os quadros delirantes paranoides, as alucinações sempre indicativas ou sugestivas de lesões corticais, de difícil tratamento, isto sem se considerarem as lesões tissulares hepáticas, pancreáticas, renais, pulmonares, entre tantas outras que conduzem os seres ao estado de cadáveres vivos, ainda corroendo aqueles que se lhes vinculam na parentela ou nas imediações afetivas.

Nada, entretanto, tão grave e insidioso quanto as obsessões de caráter sexual. A força sexual, potência das mais sagradas ao lado do amor, cocriadora, quando desequilibrada pelo ego infantil, torna-se força arrasadora, que faz sucumbir o ser humano, se não se conscientizar em tempo e sustentar firme e tenazmente a vontade.

Ativando os mesmos receptores cerebrais, liberta as ondas de prazer, fazendo a criatura anelar por novas posologias, com intervalos cada vez menores, de modo a fruir as sensações inebriantes e relaxantes, após o instante do orgasmo, que passa e deixa o tédio, após... Passa, assim, a tolerância química e desta a compulsão, que é insidiosa e paulatina, renovando incessantemente as buscas pelo rápido momento que se perde em si próprio, face à ausência do amor que o prolongue e do companheirismo que o edifique.

Por ser de fácil aquisição e considerado *droga livre*, como também sói acontecer com alguns acepipes e *digestivos* não menos danosos, faculta a sua vítima a busca desenfreada, que conduz o seu portador a inúmeros riscos e a certas degenerescências.

A adicção sexual é problema grave na cultura de muitos povos ao redor do orbe terreno.

Mobiliza a baixa autoestima e a infantilidade psicológica, que deseja afirmar por meio da quantidade aquilo que não logra em qualidade, ainda necessitando divulgar seus feitos esdrúxulos e bizarros, quais se fossem heroicas e épicas façanhas.

Conduz à estenuação das forças físicas e à consumpção dos elementos bioquímicos e à consequente diminuição das defesas imuitárias, conduzindo igualmente a quadros psiquiátricos dos mais lamentáveis. Isso, sem contarmos com as doenças transmissíveis pelo conúbio sexual sem responsabilidade e respeito pela vida, por meio da negligência à própria preservação, promovendo homicídios e suicídios dolosos, porque não falta informação que previna os incautos.

Já não seria pouco trágico, não fosse ainda o ser humano de hoje o reflexo daquilo que construiu ao longo de múltiplas experiências reencarnatórias, face à imortalidade.

Herdeiro de atavismos herdados da animalidade que encontrou a consciência e o livre-arbítrio, para aprimorar-se e sublimar as próprias possibilidades, mantém por escolha comportamentos que lhe cumpria vencer, por não se equipar moralmente para a refrega, quando vinculado à deusa corporeidade.

Vítima de si mesmo, pelo mau uso das escolhas no passado, reencarna com tendências e orientações, que são suas expiações, provas que necessita atravessar.

Atrai, por sintonia moral, os seres desencarnados que desequilibrou no passado e que hoje o parecem tentar, graças as matrizes da culpa incosciente e parecem, igualmente, destinados a gravitar outros padecentes das mesmas injunções dolorosas da alma.

Magnetizam e são magnetizados por aqueles com os quais se permitem licenças morais e se homiziam, tornando-se agrilhoado a estes, em cadeia complexa de eventos passionais, alguns dos quais culminando em crimes hediondos, graves e tristes, que se tornam atração à multidão sanguissedenta pelos noticiários.

Por intermédio da mediunidade desconhecida, ignorada por muitos de seus portadores, porém não menos atormentada, atraem e sintonizam com inteligências desencarnadas, em conúbio dantesco de infelicidades, unindo antigos comparsas, algozes e vítimas, que simbioticamente passam a conviver em clima de mútua vampirização.

Advertidos com ternura, estes padecentes, se mais educados, buscam desculpas que justifiquem a viciação, alegando potência orgástica ou gradientes hormonais elevados e que necessitam descarregar. Se mais alienados e ignorantes, agridem, vociferam, quais bestas, fascinados e/ou subjugados, refratários aos conselhos mais razoáveis e às palavras mais ternas e sinceras.

Cuida-te de não caíres em semelhante emboscada.

Avalia tuas companhias e percebe o quilate dos indivíduos com os quais sintonizas, aqueles que te buscam e como te procuram.

Se te reconheces em queda momentânea, dá-te pressa em pedir ajuda, inclusive a especializada, de modo a não perderes a oportunidade da existência, diante de algoz tão silencioso.

O sexo está para a vida e não o contrário. Energia poderosa, ela se encontra na creatura para lhe gerar prazer, alegria, reprodução, creatividade, para que possa apaixonar-se pela vida e suas possibilidades de realização, não para o desgastar e o vergastar até a comsumpção sem fim.

Retempera o teu ânimo, firma tua mente e não te sintas menos másculo, menos feminina, menos isso ou aquilo perto destes vencedores vencidos, campeões da insensatez, que teimam em se mostrar ao mundo, para mais tarde verem-se derrotados e sozinhos, sem quaisquer chances de receber auxílio, de imediato.

Tu conheces roteiros luminosos e a psicologia que encontraste apresentou-te diretrizes saudáveis da imortalidade em festa.

Vence a fome e a sede, quando se te instalem na alma de maneira abrupta ou insidiosa, sempre estranha, não consentindo que entidades perversas tisnem a tua jornada e fomentem a culpa, que pode despertar, no entanto, sempre tardiamente.

Liberta-te da necessidade infantil de agradar, de fazer concessões, de preocupar-se com a opinião de *outrem*, em projeção das próprias infantilidades e sê maduro de maneira autêntica, preservando-te e guardando-te em clima de paz.

Castidade não significa castração. É escolha consciente de evitar a promiscuidade, a fim de que as forças genésicas não se convertam em tormento. As ciências humanas definem promiscuidade como a relação com mais de três parceiros a cada período de um ano. Aduzimos que sempre há promiscuidade, quando a busca de prazeres não considera o amor e o respeito pelo semelhante, como por si mesmo, gerando laços que podem estrangular ao invés de dulcificar a experiência.

Os garanhões, tanto quanto os pedófilos, as vendedoras de ilusão, como as modelos e os modelos que tudo fazem para vencer no campeonato da sociedade, na mídia, são todos irmãos nossos em estados de desequilíbrio grave, a soldo de carências afetivas infantis e de outras estruturações antigas, que se transformam em transtornos que merecem nosso auxílio; entretanto, é necessário saber ajudar, sem se deixar arrastar.

Considera a tua existência como exame contínuo das tuas conquistas.

Se te sentes em erro, ergue-te e recomeça o esforço.

Se permaneces íntegro, não baixes a tua guarda, nem te credites superioridade inexistente, que te abriria flancos de invigilância, para quedar-te em seguida.

Ama muito, livremente, ofertando o alimento da ternura e da afeição, sem te corromperes com o mau uso de tuas engrenagens, desrespeitando o teu próximo como a ti mesmo.

Fortalece teu íntimo por meio da oração e da meditação, de leituras edificantes, evitando tudo quanto possa te desequilibrar e se algo ou alguém te visita nesta posição, sê firme, sem ser descortês ou descaridoso. Sabes o que te é lícito e o que te convém.

Somente Jesus nunca corrompeu-Se. Não há necessidade alguma de julgamentos, nem de acusações. Apenas recomendações, que objetivam harmonia interior e paz na consciência.

Livra-te das parasitoses de toda a sorte, assim como da sexual, a fim de que, mais rápido, possas fruir dos prazeres da alma, transcendentes e imperecíveis.

26. Automutilação

O teu desequilíbrio provém de comportamentos que preponderam em tua caminhada. Cada comportamento é fruto da síntese entre o que sentes, o que pensas e o que percebes, estabelecendo um prisma no qual desejas enquadrar a realidade e os semelhantes, quando poderias te permitir o benefício de *duvidar* de tudo o que te chega aos sentidos, sem cepticismo, para sempre buscar desvelar novos sentidos e horizontes da realidade, cuja totalidade não deténs.

Não exigisses a perfeição do teu próximo e não estarias reiteradas vezes sob o assédio e o domínio da frustração.

Não confundisses o auxílio ao próximo com a busca de reconhecimento e de afeto, e não te verias entregue às carências e ao esquecimento dos demais.

Não abarcasses para ti mesmo a responsabilidade de salvar o mundo – meta impossível – e não te localizarias na angústia vergastante do malogro.

Não desejasses impor o teu ponto de vista sobre os entes queridos, mesmo quando com razão, e não te encontrarias abandonado, acabrunhado e triste.

Não ajudasses, esperando que o outro enxergasse a tua bondade, e não te encontrarias sozinho, como mendigo que deseja a mão que o toque nas noites de frio, recolhendo e permanecendo apenas com singela e fria moeda.

Teu corpo ressente-se das dores da alma, que insurgem contra ti, como protestos, como uma *passeata celular*, a serviço da vida, reclamando reconsidere tuas escolhas.

Não podes oferecer às creaturas o pão da esperança, lecionando desalento, amargura e tristeza.

Encontras-te doente, porque é natural que a enfibratura em que te demoras perca a resiliência ante os choques neuroquímicos constantes, advindos dos teus desequilíbrios, sem prejuízo das provas e das expiações porque hajas de passar.

Entretanto, está em tuas mãos aprenderes ou não a lecionar equilíbrio e paz a ti mesmo, antes de tombares nos despenhadeiros das doenças crônicodegenerativas, das infectoparasitárias das oncológicas, sem contar das de natureza neuropsiquiátrica, lamentáveis.

Deixares-te fenecer, murchar e morrer, como planta crestada é opção tua, que transformas a existência em caminho árido de suicídio indireto e culposo, por negligência, por invigilância.

Nasceste para vencer o morbo infeliz que paira sobre a tua fronte, combatendo-o, corajosamente, com o entendimento que a Doutrina Espírita te faculta e com o qual te instrumentalizas para vencer.

Precisas acautelar-te contra a insidiosa presença da negatividade, que busca paralisar a alma em sítios de sofrimentos evitáveis.

Permaneces sofrendo, para que aqueles que te feriram sofram com a culpa e com o remorso, apiedando-se de ti e retornem para te amparar os caprichos não atendidos. É estratégia ineficaz, infantil e sempre culminará em mais dor e mais ausências na tua vida. O que desejas é ferir e controlar, não conciliar, harmonizar e solucionar. Embaraçar-te-ás nas mesmas redes de egoísmo que ainda teces.

Quem te feriu nem sempre sabe que o fez e, se sabe, não serás tu quem precisarás comunicá-lo do fato, não tendo ele o desejo de voltar atrás, ao menos agora.

Cabe a ti o esforço de te libertares do sofrimento, reconhecendo a infelicidade em que se encontra aquele que te agrediu e a felicidade por haveres sido o ofendido.

Chora, para descargar a alma e para que teus hormônios fabriquem novos estados de relaxamento e de harmonia físicos, reciclando a *adrenalina* da mágoa, da raiva e dos negativismos, permitindo-te retemperar a alma, na presença de Jesus, prosseguindo amando.

Decerto que a dor é natural e não poderia ser de outra forma, dadas as condições psíquicas em nosso e em muitos orbes, funcionando como restauradoras da consciência, mediante o acicate e o afrouxamento das resistências egoicas, com cujas esporas liberta-nos da animalidade primitiva.

Cerca-te por intermédio da prece, ilumina-te por meio da meditação, das leituras edificantes. Procura a companhia de quem te emule ao esforço, de quem te estimule a superar os óbices dentro e fora do teu ser, sem vacilar na tua caminhada.

Se teu corpo ressente-se das invigilâncias, do acúmulo de entulhos, dá-te pressa em recuperá-lo quanto antes e como possas, sempre no sentido de manter esse instrumento abençoado a serviço da vida e das suas oportunidades.

Não desejes tornar refém o teu próximo com tuas dores, afirmando o que será de ti sem a presença dele. Isto é ridículo, infantil e egoísta da tua parte, porque ninguém pode ser responsável pela tua encarnação, nem pelo que dela tens feito. Não tens o direito de agir deste modo, colocando o teu semelhante a ferros.

Conscientiza-te das armadilhas do ego e opta pelo equilíbrio, pelo amor e pela dedicação à vida.

É tua responsabilidade cuidar do teu corpo, teu instrumento, e da tua alma, a serviço da vida imbatível. Age com lucidez e não te mutiles mais.

27. Tua reforma

Tua reforma moral tem regime de urgência. Conheces as estradas pavimentadas pela Doutrina Espírita, que trouxe à tua vida visão nítida e clara da mensagem de Jesus, de modo a te desimcumbires da tarefa confiada às tuas mãos.

Reencarnaste sob concessões abençoadas, endossadas por irmãos venerandos, que se te fizeram fiadores do certame, orientando-te acerca das lutas que seriam aziagas, porém libertadoras.

Aceitaste os desafios propostos, observando neles apenas os juros das dívidas transatas e, considerando a misericórdia celeste, agradeceste por meio de estudo laborioso do que deverias enfrentar, a fim de conquistares a paz, abandonada há séculos, por erros evitáveis que não soubeste ou não quiseste impedir. Assim, preparaste tua jornada.

Contemplaste existências em que teu saber não venceu o orgulho, o egoísmo, a tola vaidade, analisaste os elementos que te distanciaram do Mestre Amado, realizando, com o concurso dos benfeitores espirituais, um inventário multidisciplinar acerca da tua alma.

Eis que a oportunidade anelada chegou às tuas mãos.

Nasceste no lar programado, entre aqueles a quem necessitavas amar, cada dia mais e melhor, fosses ou não amado na mesma intensidade.

Encontraste afetos e desafetos, que te propiciaram amadurecimento, produzindo novas conscientizações de tuas arestas de caráter, que careciam de amparo adequado.

Atravessaste múltiplas experiências, ora angustiantes, com a eclosão da mediunidade, que te levou a incompreensão e ao *bullying*, em família ou no convívio social.

Movimentados foram irmãos em tua direção, para que te soerguessem e não te faltaram convites para a distração, igualmente, que foste vencido a medida que tuas forças foram robustecendo-se e a tua vontade fez-se firme.

A Doutrina Espírita, enfim, bateu às tuas portas, numa dessas estradas do acaso adredemente programado, descerrando teus olhos ao reencontro com a verdade.

Agora, muito mais do que antes, unes as experiências entre encarnações com as experiências doutrinárias, que te felicitam o entendimento da vida.

És capaz de reconhecer em cada degrau da ascese, mesmo naqueles que te parecem íngremes ou escorregadios, as possibilidades de enriquecimento e de sublimação, bem como em cada prova logras enxergar a fatuidade com que passam as lutas depurativas diante da imortalidade sem fim.

Dispões de todos os equipamentos e de todas as ferramentas, de todos os acessos à consciência que te permitem a vitória decisiva e definitiva sobre as sombras do passado, das quais deves te perdoar, na medida em que repares os danos causados à tua e às vidas alheias.

Soa imperioso o chamado para a retomada corajosa do terreno da tua alma e porque conheces Allan Kardec, suas obras e todas as que lhe são subsidiárias, não alegarás não haver divisado as placas da tua estrada, sinalizando os acidentes de percurso, bem como os limites e possibilidades, entre outras orientações, com que pudesses chegar ao fim da jornada.

À saciedade, roteiros foram ministrados à tua vida, de modo que aquilo que não modifiques deve-se à tua rebeldia ou à tua má vontade.

As questões de ordem emocional, que não consegues solucionar por ti mesmo, pedem auxílio profissional, que só não buscarás por orgulho infantil.

Desperta, pois, para a realidade que te rodeia, sem adiamentos.

O que antes era erro culposo, porque sem a intenção, hoje é dolo, que te fará sofrer as consequências lamentáveis, porém plenamente evitáveis quanto dispensáveis.

Reconheces que a existência é feita de lutas, porque tu necessitas robustecer tua alma, para subires na direção do Cristo.

Acorda, diante de tudo o que já sabes, que te não representa novidade alguma, percebendo que este despertamento é um gesto de amor e de autoperdão, dando-te a chance de ser feliz sem mescla, de encontrares os amores eternos que te aguardam, de verdadeiramente integrar-te ao Reino de Deus que te espera, na aduana do teu livre-arbítrio.

Não menosprezes o auxílio invisível, nem sempre perceptível, dos que te amam, porém que não podem fazer por ti o que somente tu deves, intransferivelmente, realizar.

E não adies. Não mais!

28. Falsa humildade

Doutrinas dominadoras, porque nascidas de egos infantis, atravessaram os séculos, condicionando indivíduos e coletividades a falsas noções de virtude, que passaram a constituir subterfúgios para o controle das consciências e, consequentemente, das suas vidas.

Jean-Jacques Rousseau afirmaria que a "liberdade é algo tão bom que se quereria a liberdade do próximo para si mesmo".

Só permite evoluir com liberdade quem já galgou a compreensão de que o crescimento íntimo se dá somente sem amarras e que a tentativa vã de controlar o semelhante não somente tolhe o que se deixa cair nas armadilhas e emboscadas como, e com muito mais tenacidade, agrilhoa aquele que deseja o controle e que se acorrenta.

Assim, as doutrinas hegemônicas criaram moles de doentes mentais ao longo dos milênios, ainda representando desafio às psicoterapias de todas as escolas, dadas as lesões nos tecidos sutis das almas que padeceram a injunção da dominação pelo medo de perderem os seus céus.

O culto ao pecado, ao medo, à rejeição divina fez e faz mais vítimas que muitas guerras, enquanto os ditadores da conduta alheia locupletam-se com o poder temporal, as riquezas materiais, os ouropéis da fama, que condenam em seus seguidores, que devem anelar pela pobreza, pela dor, para pagarem antecipadamente e garantirem a entrada no Reino dos Céus, como cada credo o concebe.

Essa forma de pensar constringiu o psiquismo de grande parte da humanidade terrena, que solapa em psicopatologias de variada gama e porte, solicitando socorro de cientistas audazes, que persistam em arrancar o ser do báratro no qual se debate em agonia.

A falsa humildade foi o ardil mais bem desenvolvido para constringir a liberdade de ser e entravar a marcha do progresso individual e comunitário.

Fazendo os seres acreditarem em uma premissa, a de que possuem capacidade para ofender a Deus, completam esse sofisma bem urdido com medo e culpa, cimentando as passadas do espírito, que se permite cristalizar em estações de sofrimento psíquico, das quais se demora por libertar.

Somente uma lógica radical, que vá à raiz, pode descontruir a falsa verdade.

O que te impede de acreditar e de confiar que podes e mereces uma vida sempre melhor? Por que olhas o merecimento como um pecado vaidoso aos olhos de Deus, quando foi Ele quem te convocou à vida? Derruba essa muralha mendicante e aceita a responsabilidade de ser feliz. Acaba com o vício da descrença, da vitimização, a ideia de que não és bom o suficiente, nem merecedor. Deus decidiu isso e tens apenas que aceitar o Seu amor e fluir em Suas poderosas ondas.

O Todo-Poderoso te gerou de Si próprio. Ele é todo poder e nada, em momento algum, terá a capacidade de atingi-lO, feri-lO ou ofendê-lO.

Nada pode ser mais arrogante, mais presunçoso e mais orgulhoso do que nos creditarmos a capacidade de ofender o Creador.

Aceita, pois, a humildade verdadeira, aquela que se não nega, nem rejeita as próprias potencialidades, nem as oportunidades de ser útil, bem como sente que merece sempre mais e melhor, reconhecendo que o universo está mais que disposto a realizar os desejos profundos, bastando para isso que o espírito assuma a responsabilidade de ser uno com a Lei que está em sua consciência.

Acura tuas percepções e mergulha na meditação, deixando que Ele fale contigo e por ti, em todos os instantes.

Seja verdadeiramente humilde, sendo o húmus ou o sal da terra que Jesus anunciou que somos e não hesites mais.

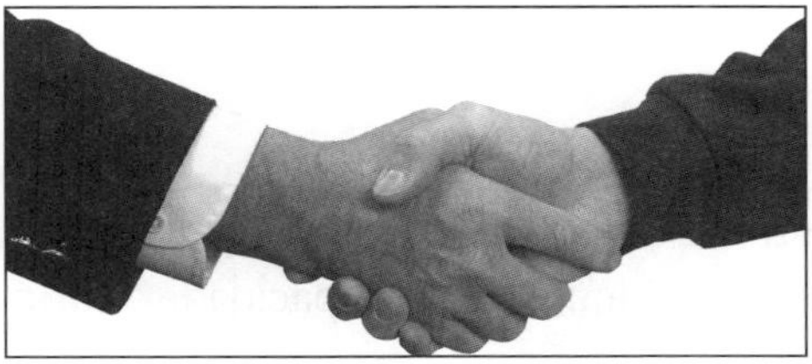

29. Indulgência sempre

Sê bondoso e amoroso com todos aqueles que te cercam, sem perderes a energia educadora, quando se fizer necessário impor limites ao mal, que se imiscua na tua vida. Contudo, reparte os tesouros de teu entendimento espírita com os menos afortunados do caminho.

Vez por outra, percebes que este ou aquele irmão de jornada trata a tua pessoa com acrimônia e azedume, recebe-te com má vontade, apresenta-se hostil ou agressivo, fazendo-te até mesmo parar e refletir se não havias feito algo que o motivasse ao investimento infeliz contra tua presença.

As creaturas humanas, na transitoriedade da vida, diante de suas imperfeições, apresentam o hábito de projetar no mundo *exterior* a culpa pelas suas infelicidades pessoais e dissabores.

Considerando que outrem é responsável pela sua felicidade ou pela sua desdita, agride aqueles que se lhe aproximam, não se permitindo uma convivência saudável e aprofundando a sonda pessoal, no sentido de equacionar as razões fundamentais de suas dores não bem resolvidas.

São indivíduos com *gestalts* inacabadas, com situações vivenciais não resolvidas e que, imaturamente, acreditam que agredindo estarão defendendo seu território emocional contra as ameaças que passam a ver em todos os seres.

Este sente-se humilhado pela função que exerce e hostiliza todos aqueles que acredita serem seus superiores, por intermédio da inveja, da maledicência, do ataque direto ou indireto.

Aqueloutro, vitimado pela doença e pelo autopreconceito, vocifera sempre que consolado, sentindo-se humilhado ao invés de grato, face às dores da alma, mais ultrizes que as chagas corpóreas, inevitáveis.

Adiante, um companheiro de lutas fixa-se no ressentimento porque recebe determinado auxílio, sentindo-se humilhado por aquele que estende a generosidade, tendo raiva de não poder ser doador, sem ter gratidão pela vida que o acolhe com ternura.

Há os que se aprisionam na inveja, com tristeza pelas vitórias alheias, ignorando que tanto as vitórias como as derrotas aparentes do mundo são provas que experimentam as almas ao desprendimento e ao desapego, com que todos se reconhecem irmãos em espírito e verdade.

Contudo, de ti, espera-se coisas melhores...

Iluminado pela compreensão Espírita, que une as existências solidariamente, no caminho de *transparescência do ego*, permites que o self divino em ti expanda-se e emerja, ensejando o amor de todas as formas possíveis.

O ego, que se liberta, a cada etapa, do egoísmo e do orgulho, que representam sua hipertrofia, ocorrida no processo evolutivo, como expressão imatura de defesa e experimentação, permite ao self emergir através dele, experimentando-se como totalidade, promovendo o espírito ao processo de individuação e deste à cristificação.

A partir deste patamar de compreensão da realidade, percebe com lucidez que maldade e consciência não são unidades congruentes, e que todo mal resulta de certo grau de inconsciência daquilo que se é e do devir, do vir-a-ser.

Aprofundando o entendimento da imaturidade relativa do próprio processo evolutivo, não se agasta, ainda que possa tornar-se perplexo e atribulado, não se angustiando, nem se desanimando, sempre concluindo o melhor caminho a tomar, para fazer o bem prosperar e o mal ter seu fim.

A indulgência é a arte de encontrar o bem onde parecia apenas existir o mal. É a doçura espontânea da alma, que encontra sempre o melhor do próximo, para que o próximo se ilumine de amor e mude seu padrão de pensamentos e de pensamentos na busca do seu melhor.

Aquele que é indulgente realmente ocupa-se em analisar o melhor do semelhante, a sua essência amorosa, de modo que o próximo seja levado a uma relação terapêutica com a sua realidade íntima, onde Deus imana e a partir da qual transcende, semeando o amor e propiciando harmonia, beleza e paz.

Não se trata de estratagema para agradar, embora o indulgente seja atacado como falso, como uma pessoa de falas melífluas, que não enxerga o erro alheio, o mal. Não se trata disso. O indulgente enxerga claramente a negatividade alheia, tanto como tem a coragem e a audácia de enxergar a própria negatividade, que o ata ao processo das reencarnações, até que se liberte em definitivo do mal, entretanto, aguça ainda mais a visão espiritual para localizar no próximo como em ti mesmo o divino ser abundante, pleno de amor, pleno de caridade, que possa ser responsável e copartícipe de um universo cada vez melhor.

A capacidade de enxergar na indulgência não está eclipsada, mas está a serviço da essência, de modo a dissolver o mal em um oceano de bem, que é nossa origem, nossa trilha única e verdadeira e nosso fanal.

Faz o bem aos que não souberem te fazer o bem. Se duros, oferta-lhes a doçura; se soberbos, oferta-lhes o afeto humilde, com que se desarmem. Aos desconfiados, aceita-lhes o estado em que se encontram e encontra o que de melhor possas dar sem os ferir em suas crenças. Aqueles que estão detidos nas cadeias do ego sempre desejam confirmar que não és aquilo que te propões a ser. Não terás o poder de mudar-lhes as crenças. Faz apenas a tua parte no processo deles e deixa a semente do que fizeres germinar na cova de seus corações, em seu tempo oportuno.

Compreende que o irmão infeliz, seja por este ou por outro motivo, é o irmão que mais necessita do teu amplexo generoso, oferecendo amor e ternura, fala ou silêncio, oração sempre, de modo a desenfaixar-se das amarras em que se aprisionou. É um prisioneiro do rancor, da mágoa, das emoções secundárias às agressões e ausências antigas, que reforçam contingências pretéritas. Ama-o mais ainda, mesmo que em silêncio, sem que sequer saiba que o ama. Muitas vezes, até demonstrar o pode ferir, tamanha a dor que carrega dentro de si.

Com Jesus, reconhece que cada creatura é antes fraca do que perversa, aprendendo a enxergar em um cão morto a beleza dos dentes, sempre encontrando o melhor. Quem busca o melhor, pensa o melhor e sente o melhor, permanece sintonizado com o melhor e pertence ao melhor.

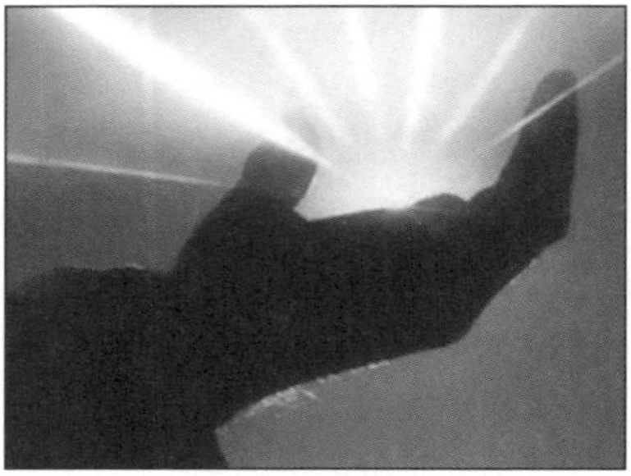

30. Generosidade

Nascida do amor e do amadurecimento psicológico, a generosidade deve ser compreendida como uma das virtudes a serem desenvolvidas na dimensão da caridade, aqui compreendida como amor-doação, sempre desinteressada e com o mote de fazer feliz.

É oferecida por meio de um gesto, de um olhar, de uma palavra, mesmo concomitante à doação de algo material de que o semelhante necessite, presenteando o dar de si, o alimento da alma, nutrindo tanto o que recebe como aquele que o dá, certamente o que mais se beneficia.

Há creaturas que praticam inúmeras obras de benemerência, que socorrem seu semelhante, que doam vultosas quantias, que lhes fornecem pão e sustento, face a um dever que reconhecem na própria consciência, porém o fazem no cumprimento deste dever, porque reconhecem certo, sem que lhes seja prazeiroso, sem a contribuição da sua sensibilidade.

A generosidade gera prazer e êxtase pelo gesto de ajudar naquele que o faz, irradiando ondas poderosas de cura às almas que se beneficiam do gesto, já iluminando aquele que é seu portador.

A generosidade não se contenta em dar algo. Ela precisa dar ao semelhante e comunicar ao seu semelhante a alegria ao receber, sem quaisquer sentimentos de humilhação ou menos valia. Ao contrário, ela precisa arrancar do outro o sorriso terno e afável e ver desabrochar a flor prazeirosa do alívio, onde antes só havia um botão de um coração fechado e descrente. A generosidade oferece fé na humanidade dos seres, acredita na vida e caminha a serviço dela na sua expressão mais essencial.

Ela possui o toque suave da ternura que dissolve a amargura e transmuta a necessidade em alegria, permitindo a quem recebe desenvolver a esperança e acreditar que é possível o encontro com o amor.

Desenvolve-se na alma que atingiu maturidade para compreender que, em tudo que realizamos, o amor e a alegria de servir devem ser a base inamovível, não se satisfazendo em fazer porque é certo, mas gozando o bem que pode ser realizado, felicitando-se no bem, extasiando-se no bem. O bem não deve ser um desempenho, mas uma expressão da divindade do ser.

Confundida pela ignorância com prodigalidade e com o esbanjamento, nada tem a ver com estas formas de comportamento, que representam sementes e brotos imperfeitos da virtude que um dia nascerá, mesclados com orgulho e ostentação. A generosidade pode dar do que lhe falta, caminhando não raro com o desapego e a renúncia.

Desenvolver generosidade é necessário, para o espírito encontrar dentro de si mesmo a verdade de que é possuidor unicamente daquilo que é, não desejando senão fazer felizes aqueles entre os quais vive e encontrando como prêmio devolver quanto possível a luz da esperança nos rostos esmaecidos pela dor e descrentes de si mesmos.

Não cogita da gratidão e não perde seu foco, que sempre é ajudar, amparar e socorrer.

A generosidade é a verdadeira ciência da alma, de pesquisar o melhor de si mesmo e não ter outro desejo senão o despertamento em outrem da esperança, da alegria e da fé na própria caminhada. É o combustível que alimenta o semelhante e faz reconhecer no seu irmão de jornada a ponte para confiar no bem, para se abrir ao bem e, a seu turno, multiplicar esse mesmo bem, que passa a contagiar aqueles por quem são tocados por suas sensíveis mãos. Reforça a paz e a tranquilidade, o ânimo e a coragem, para prosseguir diante de todos os embates e todas as experiências da existência.

Generosidade é luz da caridade que viceja na alma, ensejando-nos participar como codoadores do amor em todos os nossos pensamentos, sentimentos, atos, promovendo nossos laços de família cósmica, nosso fanal, desde há muito.

Sê generoso!

Ao lado do que dizes, a ternura na voz, que acaricia a quem ouve.

Ao lado da mão que cumprimenta, o olhar atencioso e afável.

Ao lado da doação material, o afeto sem pieguice, porém intenso e libertador.

Ao lado do amigo, o carinho e a atenção sem medidas.

Ao lado do desafeto, o entendimento e o silêncio.

Ao lado da natureza, o cuidado e o respeito à vida, com êxtase na alma.

Ao lado da dor e do sofrimento, o consolo e o amparo possíveis.

Sê aquele que se antecipa em amparar, soerguer, abençoar com o toque de sua alma.

Semeia a generosidade por onde passes e verás, no futuro, sublimes flores no jardim da vida.

31. Culpa

Não consintas que tuas quedas sejam motivo para que te detenhas no solo e paralises tua caminhada. Erguer-se ou reerguer-se faz parte do teu aproveitamento e, enquanto não te é possível vencer sem titubeios ou tergiversações, é possível desde já que recapitules as lições não aprendidas noutras oportunidades, por meio do esforço laborioso.

Se és vítima e tornas-te prisioneiro da culpa, esta distorce tua visão, corrompe e corrói as tuas resistências, tornando-se remorso, congelando tuas passadas, que passam a ser cimentadas na inércia.

Prefira, ao contrário, encarar de frente aquilo que não lograste vencer, assumindo uma atitude madura diante do equívoco, sem autopiedade, mas também sem masoquismo, deixando-te lavar pela retomada de consciência.

Sabes, antes de tudo, que o espírito não retrograda. Pode estacionar por segundos ou por milênios, não perdendo aquilo que já adquiriu e conquistou portas adentro da alma.

É-te lícito e convém-te mergulhares decisivamente, no âmago das tuas questões, a fim de localizares os motivos de teus tropeços.

Enquanto não te disponhas a enfrentar os desafios que te foram apresentados pela existência, compreendendo onde, quando e como te sentiste comprometido com o erro, a partir do qual elaboraste uma estrutura neurótica de defesa, não terás condições de te libertares da armadura que enferrujou, aprisionando-te, asfixiando-te e imobilizando-te, quando, antes, pretendia a tua proteção.

Todo o ser, em seu périplo evolutivo, tomba em ciladas colocadas por si próprio, diante da possibilidade de evoluir. Embora pareça um paradoxo, mais trivial do que se possa supor, é a culpa coletiva e a sensação de desmerecimento da plenitude, com que se autossabota a humanidade.

Herança dos erros do pretérito, remanescem nos refolhos íntimos da alma e são vivenciados como estados de autodescrença, autossabotagem, autodestruição, em apelo ainda egoico, disfarçado de limitação, barganhando o amor divino por intermédio do remorso que não promove a conscientização, nem renova a jornada. A barganha, contudo, nada consegue senão atrasar a caminhada.

Através das múltiplas experiências, tem o espírito sido vitimizado por esse terrível algoz, a culpa. Paralisante e detestável, pode ela despertar, de início, o ego, orgulhoso e egoísta, para enxergar até onde conduziu a creatura; no entanto, uma vez e continuamente alimentada, pode servir de marketing autopiedoso, paralisante, chamando para si a atenção, manipulando a comiseração alheia, para tombar, adiante, sempre clamando por piedade, sem qualquer desejo legítimo de mudança para melhor.

Este livro foi impresso nas oficinas gráficas da Editora Vozes Ltda.,
Rua Frei Luís, 100 – Petrópolis, RJ.